莊子思想散步

陳鼓應——著

目錄

第二部分　莊子思想散步

增修版說明

本書最早以《莊子哲學》之名，由臺灣商務印書館印行。一九九一年，由香港商務印書館出版時，更名為《莊子淺說》。

二〇一七年，我將《莊子淺說》與新增的文稿「莊子思想散步」合為一書，仍定名為《莊子淺說》，由北京中華書局出版。新增的這部分稿件，是我自上世紀九〇年代以來，往來於兩岸三地之間所做的有關莊子思想的演講文字匯編。

這次臺灣商務印書館就中華書局的版本重新出版繁體版，原本也想沿用《莊子淺說》書名，然而，為了讓讀者對莊子的精神有更多的認識，我們將簡體版的內容重新編排整理，同時將書名修正為《莊子思想散步》，以更貼近莊子「遊於心」的核心思想和氛圍。

嚴格說來，本書並不算是一本學術著作，卻能呈現出我學術人生中的微細而重要的環節。其一，它是我進入中國哲學，尤其是道家哲學的開端；其二，它是我在概念哲學與想像哲學之間，明顯地傾向於詩意乃至文學性哲學的反映；其三，它是我將時代和人生感悟結合文本議題的抒發，於我的學術人生中，亦折射出我現實人生的路痕。

是為序。

陳鼓應
二〇二〇年八月十五日

寫在前面

在我的第一本書《悲劇哲學家尼采》前言裡，我曾經說過世界上有兩本書是我最喜愛的：一本是中國的《莊子》，另一本是德國尼采的《查拉圖斯特拉如是說》。這兩者在思想解放與個性張揚方面，有許多共同點。而尼采的激情投入與莊子的清明超脫，正有如希臘悲劇中狄奧尼索斯（酒神）與阿波羅（太陽神）兩種精神力量的相互對立而又相互協調一樣，亦反映著歷代知識分子內心的種種衝突與求取平衡。看來，一個人生活的體驗愈多，愈能欣賞莊子思想視野的寬廣、精神空間的開闊及其對人生的審美意境；一個人社會閱歷愈深，愈能領會莊子的「逍遙遊」實乃「寄沉痛於悠閒」，而其思想生命的底層，則未始不潛藏著深厚的憤激之情。

我對莊子的興趣，最初是由好友包奕明引起的。我在大學期間，以學習西方哲學為主，老莊哲學雖列為必修課程，但除了聽到一些本體論、宇宙論的概念術語之外，並無所獲，對於老莊思想的精髓，更不甚了了。我讀研究所時，在研究尼采著作之餘，也喜讀存在主義的作品，奕明兄多次對我說：「莊子『善吾生者，乃所以善吾死也』，很有存在主義的意味。」他的一番話引起我的好奇，由好奇而嚼讀《莊子》。

第一部分

莊子淺說

前言

莊子的影像

在一個混亂的社會裡，莊子為人們設計了自處之道。在他所建構的價值世界中，沒有任何的牽累，可以悠然自處，怡然自適。

從歷史中我們可以看到，太平盛世時，儒學思想往往抬頭，因為儒家確實提供了一套適於當時人際關係的倫理基礎。於是，治者們也樂於將整個社會結構納入倫理關係中，以維繫社會秩序，使其井然。然而，歷代畢竟亂多於治，每當政情動蕩，社會大亂時，儒學思想便失去效用，而道家思想則應時而興。因為道家能深入人性，切中時弊，徹察動亂的根由；它正視人類不幸的際遇，又能體會人心不安的感受，對於飽經創傷的心靈，尤能給予莫大的慰藉。因而，中國歷代的變動紛擾，對於儒家而言是一種沉重的負擔，結果每每由道家承擔起來。而道家集大成的人物，便是莊子。

今天，我們置身於史無前例的繁複而混亂的社會型態中。莊子思想對於我們，或許更有一種特殊的感受與意義！

請想想我們今日所生活的世界：現代高度機械化的結果，早已使得優游的生活成為過去。每個人只是急躁而盲目地旋轉於「高速」的漩渦中，像是被惡魔趕著，匆匆忙忙地隨波逐流。都市文明的生活，使人已不再和泥土或自然有任何接觸，田園生活那種優美而富情調的方式亦已被毀壞。集體主義的猖獗，使人民奮勵的情緒被官僚化的教條壓抑淨盡，生動的精神被僵化的形式扼殺殆盡……這種種感受，當你接觸莊子時，更能增加你對他的體會。

只要開始接觸莊子，你便會不自主地神往於他所開闢的思想園地。在那裡，沒有「攖人之心」的成規，沒有疲憊的奔波，也沒有可怖的空虛，更沒有被壓迫的痛苦。

凡是糾纏於現代人心中那些引起不安情緒的因素，全都在莊子的價值系統中煙消雲散。他揚棄世俗的拖累，強調生活的樸質，蔑視人身的偶像，誇示個性的張揚，否定神鬼的權威……總之，接近他時便會感到釋然，在他所開創的世界中，心情永遠是那麼無掛無慮，自由自在。

但是他卻
擁有一生的
契友惠施
對於生死，
也只是
鼓盆而歌
而人生如同一場
蝴蝶夢
用開闊的心胸看待
生死如來去
從
鯤鵬和小麻雀
莊子讓我們
思辨關於
涉世之道
、
無用之用
以及
不道之道
展現莊子
對待與同一
的精神

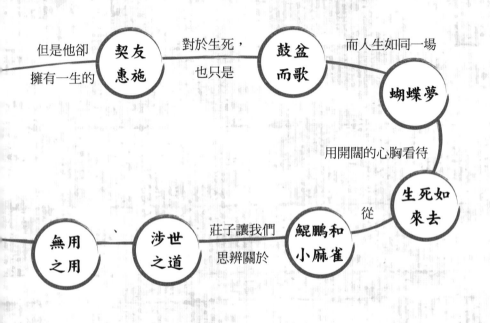

從莊子的生活、生死觀與處世思想，了解莊子哲學的價值

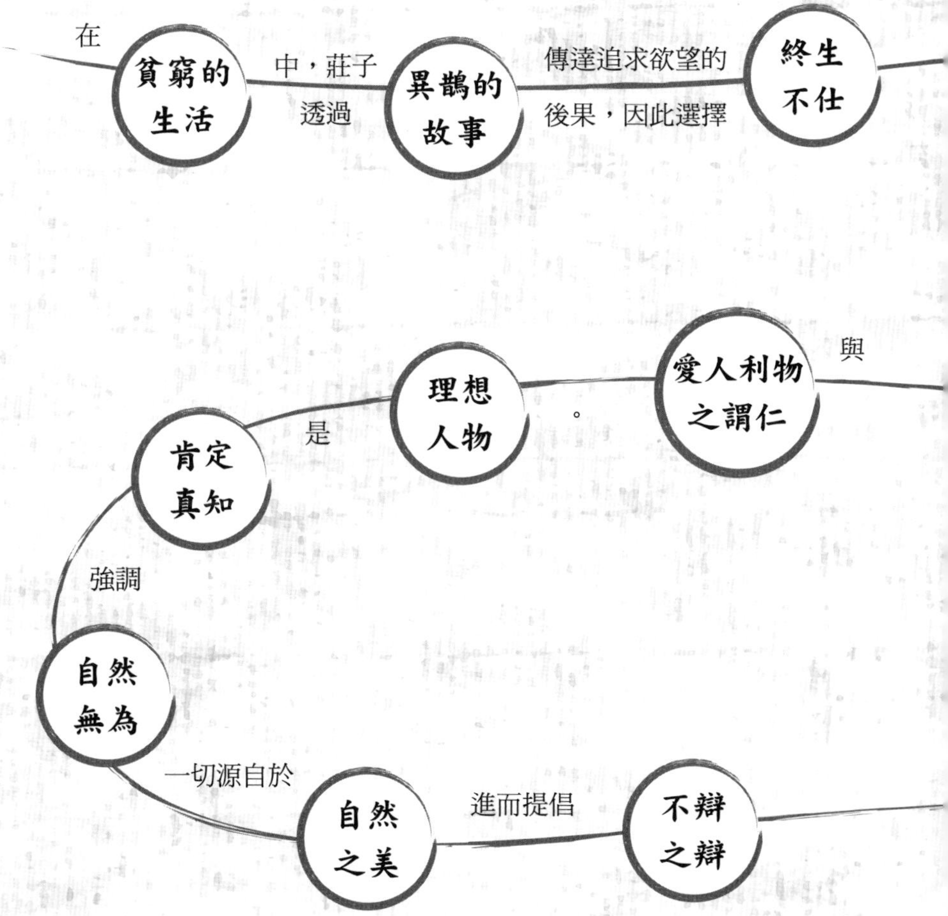

在
貧窮的生活
中，莊子
透過
異鵲的故事
傳達追求欲望的
後果，因此選擇
終生不仕
與
愛人利物之謂仁
。
理想人物
是
肯定真知
強調
自然無為
一切源自於
自然之美
進而提倡
不辯之辯

生活篇

貧窮的生活

重視精神生活

提起莊子，他的家世淵源不可知，師承源流不清楚，生死年月也史無明文。在當時，沒有人為他作傳，也沒有自述之文，因而他的身世始終是個謎。

幸好，在《莊子》書內，他的學生偶爾散漫地記載著他的一些行誼事跡，憑著這一鱗半爪的資料，也可在後人心中留下一個特殊的影像。

莊子生活貧窮，在《莊子》書中也有記述，例如一篇關於他向人借糧的故事：

莊周家裡貧窮，所以去向監河侯借米。監河侯說：「好的，等我收到地方上人民的租稅時，我會借三百金給你，行嗎？」

莊子聽了，心裡很不高興，說：「我昨天來的時候，中途聽得有呼喚我的聲音。我回頭一看，原來在車輪輾過成窪的地方，有一條鯽魚。我便問它說：『喂，鯽魚！你在這裡幹啥呢？』鯽魚回答說：『我是東海的水族。你有少許的水救活我嗎？』我說：『好的，等我到南方游說吳越的國王，激引西江的水來迎接你。可以嗎？』鯽魚聽了，心裡很不高興，沉著臉說：『我因為離了水，失去了安

身之處。我只要少許的水就可以得救。你說這話，不如早一點到乾魚市上去找我吧！』（〈外物〉，下引只注篇名，不注書名）

這故事雖是以寓言的方式表述，但他的家貧，確是實情，另外一段記載也可看出他的窮困：

莊子身上穿了一件打了補丁的粗布衣服，腳下踏著一雙用麻繩綁著的破布鞋去見魏王。魏王說：「先生，你怎麼這樣疲困啊？」莊子回答說：「這是貧窮，並不是疲困。……」（〈山木〉）

事實上，莊子是既貧窮又疲困，在那「昏君亂相」的時代，只有小人才能得志。讓我們再看一個例子：

宋國有個叫曹商的人，宋王派他出使秦國。他去的時候，只得到宋王給他的幾輛車子，到了秦國，秦王很高興，賞給他百輛車子。他回宋國，見了莊子便說：「住在破巷子裡，窮得織草鞋，餓得頸子枯槁，面孔黃瘦，在這方面，我可趕不上你；至於一旦見了大國的國君，就得到上百輛的車子，這就是我的長處了。」

莊子回說：「我聽說秦王得了痔瘡，找醫生給他治。誰能把痔瘡弄破，就可得到一輛車子，誰能舐他的痔瘡，就可得到五輛車子。治病治得愈下流，所得的車子就愈多。你是不是給秦王治過痔瘡？怎麼搞到這麼多的車子呢？還是走你的吧！」（〈列禦寇〉）

莊子後學所記的這些事例，如果是真的話，在對話中倒透露了一些莊子的生活實況：他「住在破巷子裡」，餓得面黃肌瘦。這和「在陋巷」「簞食瓢飲」的顏回，豈不成了難兄難弟嗎？營養不足的顏回，可憐不到三十歲就夭折了；莊子倒真命長，一口氣活到七八十歲，從文章的氣勢上看來，還好像精神抖擻的樣子！

如果莊子真是只靠著「織草鞋」來維持生計，那和荷蘭大哲斯賓諾莎（Spinoza）的磨鏡過活，實有其共同的意義：他們都把物質生活的需求降到最低的程度，而致力於提升精神生活。

異鵲的故事

對追逐欲望的警惕

在生活態度上，莊子是順其自然的。他認為，如果一心一意去計算人家，必然會導致物物相殘的後果。莊子這種想法，見於一個有趣的寓言上：

莊周到雕陵的栗園裡遊玩，走近籬笆，忽然看見一隻怪異的鵲從南方飛來，翅膀有七尺寬，眼睛直徑有一寸長，碰著莊周的額角飛過去，停在栗樹林中。莊子說：「這是什麼鳥呀！翅膀大而不能遠飛，眼睛大而目光遲鈍。」於是提起衣裳，快步走過去，拿著彈弓窺伺它的動靜。這時，忽見一隻蟬兒，正得著美葉蔭蔽，而忘了自身；就在這剎那，有隻螳螂藉著樹葉掩蔽著，伸出臂來一舉而捕住蟬兒。螳螂意在捕蟬，見有所得而顯露自己的形跡；恰巧這隻怪鵲乘它捕蟬的時候，攫食螳螂，怪鵲見利而不覺自己性命的危險。莊周見了不覺心驚，警惕著說：「唉！物與物互相累害，這是由於兩類之間互相招引貪圖所致！」想到這裡趕緊扔下彈弓，回頭就跑。恰在此時，看守果園的人以為他偷栗子，便追逐著痛罵他。

（〈山木〉）

所謂「螳螂捕蟬，黃雀在後」，這個有名的典故就是從這寓言出來的。由這寓言引申出一個結論：成心謀算他物，就會招引別物來謀害自己。因而，唯有泯除心計，乃能免於捲入物物競逐的循環鬥爭中。

然而，世人卻往往一味追求欲念而迷忘本性，這就是莊子所謂：「觀於濁水而迷於清淵。」唯欲念是無窮的，而滿足總是有限，這樣必然會導致悲慘的後果。但這觀點，現代人是無法接受的，因為現代人往往沉湎物欲，一去而不知返。

終生不仕

不受身外名利的誘惑

有人說：「哲學家的生活是一種藝術性的遊戲，不是塵世的情欲生活。」（Josiah Royce：《近代哲學的精神》）誠然，莊子的生活確是充滿了藝術性的遊戲意味。他不沉湎於塵世的情欲生活，又無覺於外在世界的紛擾，無視於大千世界的誘惑。據記載，他也曾有過顯達的好機會，但卻斷然拒絕了。

莊子在濮水邊釣魚，楚威王派了兩位大夫先去表達他的心意：「我希望將國內的政事委託給先生！」

莊子持著魚竿頭也不回，遂說：「我聽說楚國有隻神龜，已經死了三千年了，國王把它盛在竹盒裡，用布巾包著，藏在廟堂之上。請問：這隻龜，寧可死了留下一把骨頭受人尊貴呢？還是願意活著，拖著尾巴在泥巴裡爬？」

兩位大夫回答說：「寧願活著拖著尾巴在泥巴裡爬。」

莊子說：「那麼，請便吧！我還是希望拖著尾巴在泥巴裡爬。」

（〈秋水〉）

在另一篇內也記著類似的事情：

有人延聘莊子。莊子回答使者說：「你沒看見那祭祀宗廟的肥牛嗎？披上繡花的單子，吃著豐盛的食物，等到一朝牽入大廟裡去，雖然想做一隻孤單的小牛，能辦得到嗎？」

（〈列禦寇〉）

司馬遷的《史記》亦有記載上述故事：

楚威王聽說莊子很有才幹，派了兩位使者，帶著貴重的禮物，聘請他做楚國的宰相。莊子哂笑地對楚國使者說：「千兩黃金確是很重的聘禮，宰相也確是尊貴的職位。可是你們沒有看見過祭祀天地時供神用的肥牛嗎？養了好幾年，養肥之後宰了，給它披上文彩的錦繡，抬到大廟裡去，在這時候，即使它想做一頭孤單的小牛仔，辦得到嗎？你們趕快走開，不要玷汙了我！我寧願在泥巴裡遊戲，終身不做官，只圖個逍遙自在。」（《史記．老莊申韓列傳》）

莊子堅定地拋開了沽名釣譽的機會，這類逸事，經過正史的紀錄，更增加了不少的光彩。他對於高官軒冕確實有一種潔癖，倒不是故意做作的。

契友惠施

知己的難能可貴

莊子這般曠達的心境，視富貴榮華有如敝屣。其高超之生活情趣，自然超離人群與社群。無怪乎在他眼中，「以天下為沉濁，不可與莊語」（〈天下〉）。既然這樣，就只好「獨與天地精神往來」了。像莊子這樣絕頂聰明的人，要想找到一兩個知己，確是不容易。平常能夠談得來的朋友，除了惠子之外，恐怕不會再有其他的人了。他們都好辯論，辯才犀利無比；他們亦很博學，對於探討知識有濃厚的熱誠。

惠子喜歡倚在樹底下高談闊論，疲倦的時候，就臥在梧桐樹下（「倚樹而吟，據槁梧而瞑」），這種態度莊子是看不慣的，但他也常被惠子拉去梧桐樹下談談學問（「惠子之據梧也……」），或往田野上散步。一個歷史上最有名的辯論，便是在他們散步時引起的：

莊子和惠子在濠水的橋上遊玩。

莊子說：「小白魚悠閒地游出來，這是魚的快樂啊！」

惠子問：「你不是魚，怎麼知道魚是快樂的？」

莊子回說：「你不是我，怎麼知道我不曉得魚的快樂。」

惠子辯說：「我不是你，固然不知道你；準此而推，你既然不是魚，那麼，你不知道魚的快樂，是很明顯的了。」

莊子回說：「請把話題從頭說起吧！你說『你怎麼知道魚是快樂的』云云，就是你知道了我的意思而問我，那麼我在濠水的橋上也就能知道魚的快樂了。」

（〈秋水〉）

莊子對於外界的認識，常帶著觀賞的態度。他往往將主觀的情意投射到外物上，而產生移情同感的作用。惠子則不同，他只站在分析的立場，來分析事理意義下的實在性。因此，他會很自然地懷疑到莊子的所謂「真」。

莊子與惠子的辯論，如果從「認知活動」方面來看，兩人的論說從未碰頭；如果從觀賞一件事物的美、悅、情這方面來看，則兩人所說的也不相干。而只在不同的立場與境界上，一個有所斷言（「知道魚是快樂的」），一個有所懷疑，（「你既然不是魚，那麼你不知道魚的快樂，是很顯然的！」）他們在認知的態度上，便有顯著的不同，莊子偏於美學上的觀賞，惠子著重知識論的判斷。這不同的認知態度，是由於他們性格上的相異；莊子具有藝術家的風貌，惠子則帶有邏輯家的個性。

莊子與惠子，由於性格的差異導致了不同的基本立場，進而導致兩種對立的思路——一個超然物外，但又返回事物本身來觀賞其美；一個走向獨我論，即每個人無論如何不會知道第三者的心靈狀態。

莊子與惠子由於基本觀點的差異，在討論問題時，便經常互相抬槓，而挨棒子的，好像總是惠子。在〈逍遙遊〉上，莊子笑惠子「拙於用大」；在〈齊物論〉上，批評他說，「並不是別人非明白不可的，而要強加於人，所以惠子就終身偏蔽於『堅白論』」（「非所以明而明之，故以堅白之昧終」）；〈德充符〉上也說惠子，「你勞費精力……自鳴得意於堅白之論」。這些批評，莊子都是站在自己的哲學觀點上，而他最大的用意，則在於借惠子來抒發己意。

另外，〈秋水〉篇記載，惠子在梁國做宰相時，莊子去看他，謠言說莊子是來代替惠子的相位。惠子心裡著慌，便派人在國內搜索了莊子三天三夜。後來莊子去見惠子，對他講了一個寓言，把他的相位比喻為貓頭鷹得著臭老鼠而自以為美。這故事恐怕是他的學生假託的。不過，莊子與惠子在現實生活上確實有很大的距離。惠子處於統治階層，免不了會染上官僚的氣息，這對於「不為軒冕肆志，不為窮約趨俗」的莊子，當然是很鄙視的。據說，惠子路過孟諸，身後從車百乘，聲勢煊赫，莊子見了，連自己所釣到的魚也嫌多而拋回水裡去（《淮南子・齊俗訓》）。

他們兩人，在現實生活上固然有距離，在學術觀念上也相對立，但在情誼上，惠子確是莊子生平唯一的契友。這從惠子死後，莊子的一節紀念詞上可以看出：

莊子送葬，經過惠子的墳墓，回頭對跟隨他的人說：「楚國郢人捏白堊土，鼻尖上濺到一滴如蠅翼般大的污泥，他請石匠替他削掉。石匠揮動斧頭，呼呼作響，隨手劈下去，把那小滴的泥點完全削除，而鼻子沒有受到絲毫損傷，郢人站著面不改色。宋元君聽說這件事，把石匠找來說：『替我試試看。』石匠說：『我以前能削，但是我的對手早已經死了！』自從先生去世，我沒有對手了，我沒有談論的對象了！」

（〈徐无鬼〉）

惠子死後，莊子再也找不到可以對談的人了。在這短短的寓言中，流露出純厚真摯之情。能設出這個妙趣的寓言，來譬喻他和死者的友誼，如此神來之筆，非莊子莫能為之。

鼓盆而歌

回歸自然的生死觀

獨來獨往的莊子，仍然逃不掉家室之累。不過話又說回來，家室他是有的，但是否成為他的「累」，則不得而知。關於他家室的情形，我們無從知曉。書本上只記載了他妻子死的時候，惠子去弔喪，看到莊子正蹲著「鼓盆而歌」，惠子便責難他說：「相住一起這麼久了，她為你生兒育女，現在老而身死，不哭也罷了，還要敲著盆子唱歌。這豈不太過分了嗎？」莊子卻有他的道理：

當她剛死的時候，我怎能沒有感慨呢！可是我經過仔細省察以後，便明白她本來是沒有生命的；不僅沒有生命，而且還沒有形體；不僅沒有形體，而且還沒有氣息。在若有若無之間，變而成氣，氣變而成形，形變而成生命，現在又變而為死。這樣生來死往的變化，就好像春夏秋冬四季的運行一樣，全是順著自然之理。人家靜靜地安息於天地之間，而我還在哭哭啼啼，我以為，這樣對於性命的道理是太不通達了，所以不去哭她。（〈至樂〉）

莊子認為人的生命是由於氣之聚；人的死亡是由於氣之散，他這番道理，姑且不論其真實程度。就以他對生死的態度來說，便遠在常人之上。他擺脫了鬼神對於人類生死命運的擺布，只把生死視為一種自然的現象，認為生死的過程不過是像四時的運行一樣。

莊子不相信死後的世界，也反對厚葬。有一段記載：

莊子快要死的時候，學生想厚葬他，莊子卻說：「我以天地為棺槨，以日月為連璧，以星辰為珠璣，以萬物為齎送。我的葬禮還不夠嗎？何必要那些！」

學生說：「我怕烏鴉吃你呀！」

莊子說：「露天讓烏鴉吃，土埋讓螞蟻咬，要從烏鴉嘴裡搶來送給螞蟻，豈非太不公平了嗎？」

（〈列禦寇〉）

對於死生的態度，莊子能這般曠達灑脫，乃是出於自然的流露。在他想來，死生不過是一場夢罷了！

生死篇

蝴蝶夢

解放內心的自由

〈齊物論〉的結尾，有一個流傳久遠的故事，便是莊周的蝴蝶夢：

昔者莊周夢為蝴蝶，栩栩然蝴蝶也，自喻適志與！不知周也。

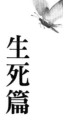

俄然覺，則蘧蘧然周也。不知周之夢為蝴蝶與？蝴蝶之夢為周與？周與蝴蝶，則必有分矣。此之謂物化。

莊子藉蝴蝶的夢覺，以引發其思想。從這短短的寓言中，可導出四個重要的意涵：

(一)莊周蝶化的含義；

(二)蝴蝶本身所代表的意義；

(三)人生如夢的說法；

(四)物化的觀念。

(一)莊周的蝶化，乃象徵著人與外物的契合交感。

人與外界是否能融合交感？其間是否有必然的關係存在著？這是哲學上

的一個老問題。如以認知的態度來研究，這在認識論上，西洋歷代有不少哲學家都持著相反的見解。然而，這一見解如果掉到不可知論的範疇時，人與外界的割離便無法克服。

這問題到了莊子手上，便轉了方向，他不從認知的立場去追問，卻以美感的態度去觀賞。人們在觀賞外物時，發出深遠的同情，將自我的情意投射進去，以與外物相互會通交感，而入於凝神的境界之中，物我的界限便會消解而融和，然後渾然成一體。這全是以美學的感受來體會，絕不能以科學的分析來理解。

莊子透過「美感的經驗」，藉蝶化的寓言來破除自我執迷，泯除物我的割離，使人與外在自然世界，融為一大和諧的存在體。

（二）莊子將自我、個人變形而為蝴蝶，以喻人性的無拘無束。

反觀現代人，飽受重重的約束。這種情形，在現代文學家卡夫卡（F. Kafka）的寓言《變形記》中表露無遺。寓言說，有一天，格里戈從夢中醒來，突然發現自己變為一隻大甲蟲，躺在床上。格里戈是個旅行推銷員，他每天要在清晨四時起床，趕搭五時的火車，到公司去聽命往各處推銷棉布。上司的面孔和呆板的工作使他非常厭惡這份差事，但是為了替父親償還債務，不得不忍受下去。這天，格里戈在噩夢中醒來，發現自己已不是原來的人形，竟變成一隻碩大的甲蟲。他想爬出臥室去趕早班車，但卻感到自己行動吃力、言詞含糊……

這寓言之所以受人重視，因為它隱含的意義很多：卡夫卡以格里戈的遭遇，代表了現代人所承受的時間壓縮感、空間囚禁感、與外界的疏離感以及現實生活的逼迫感……

如果我們把眼光移視現在，我們立刻就會感到現代人發明了龐大的機械，又使自己成為機械的奴隸，這種作繭自縛的情況，正如卡夫卡在《洞穴》中所描述的那樣：「個人顯然變成某種動物，在洞穴中，掘建一個出口又一個出口，以保護自己；但卻永遠不能走出洞穴。」這是現代人最深沉的悲哀。從這裡，我們可以更深一層地體會莊子蝴蝶所象徵的意義。

莊子和卡夫卡一樣，也將人轉化而為動物（蝴蝶），但是他卻藉蝴蝶來比喻人類「自適其志」：蝴蝶翩翩飛舞，翱翔各處，不受空間的限制；它優游自在，不受時間的催促；飄然而飛，沒有陳規的制約，也無戒律的重壓。同時，蝶兒逍遙自適於陽光、空氣、花朵、果園之中——這象徵著人生如蝶兒般活躍於一個美妙的世界中；並且，在和暖的陽光、新鮮的空氣、美麗的花朵以及芳芬的果園之間，可任意地自我吸取，自我選擇——這意味著人類意志的自由可羡。

（三）「人生如夢」這句說舊了的話，卻創始於莊子。可是，時至今日，這句話的含義已經和莊子的原義大相徑庭。

我們每個人都覺得：人生實在是短暫而飄忽，多少歡樂事，到頭來終成泡影。這時，我們總習慣於用「夢」來抒發自己內心的感觸。所以，當我們說人生如夢時，不免充滿悲涼之意。但在莊子心中，卻絲毫沒有這種感覺。莊子以藝術的心態，將人類的存在及其存在的境域，予以無限的美化。因此，宇宙如一個大花園，人生就在這片美景中盡情享受，如蝶兒飛舞於花叢間。因此，在莊子心中所浮現的，便是個美夢。

蝶兒栩栩然飛舞於花叢間，亦象徵著人性的天真爛漫，這和西洋宗教視人性為充滿罪孽相迴異。兩相對照，立即顯示出，一種為健康活潑的精神，一種為病態沉滯的心理。

（四）「物化」是莊子對於死生看法的一個基本觀念。

對於死後的漆黑，無人會不感困惑恐懼。但在莊子看來，死生完全是一種相對的幻滅現象。看通了，也沒有什麼可怖，只不過，是你從大地上來，又回到泥土裡去而已。人的初始，本來就是沒有形體的；而形體的形成，以至於復歸消解，這個變化過程實在是不足悲的。死後能化為蝴蝶，像物化後的莊子那樣，栩栩然而飛，該是多麼快樂！快樂得忘了形時，還不知道自己是莊子呢！

可見，莊子是藉「物化」的觀念，將死生的對立融於氣化流行之中。

生死如來去

肯定生死的豁達態度

我們究竟從何而來？往何而去？這是個永遠解不開的謎，它的神秘使人如置身黑幕之中。

有生必有死，死是人生的終結，人生便是趨向這個終結的一個歷程。在生命的歷程中，死的因子無時無刻不隱伏在人的身上，當它一旦浮現時，人的生命便告終止，而他和外在世界以及其他人類的一切關係也從此被切斷。

人雖然常常談到死，恐懼死亡，但這只是對於「別人的死」的感覺，自己卻從未經歷過；一個活人，永遠沒有與人同死的經驗。死是個人的事，不能由任何人來取代，每個人都必須面對它，亦沒有其他人可以救助你，如德國哲學家海德格爾所說，這時候你便陷入完全孤立無援的境界。因此，當一個人眼看自己的存在趨向終點時，恐懼之情是可想而知的。

面對死亡的畏懼，莊子培養著一種灑脫的心境來化除它。

首先，我們應明白死亡之所以值得恐懼，最大的原因莫過於對死後痛苦的憂慮。然而死後的情形究竟怎樣呢？是一種變遷抑或消失？若是一種變遷，則如神學家所言，靈魂將由此世引渡到彼岸；若是消失，則死亡便為無意識之事。照蘇格拉底看來，如果死後化歸烏有，則死亡是件幸福的事，因為它表示結束痛苦；如果死後仍有來生，則死亡仍屬幸福之事，因為他可不受被放逐或臨刑的騷擾。具有遁世思想的蘇格拉底顯然承認後者的主張，在柏拉圖的對話錄《斐多篇》（*Phaedo*）中，他更是賣力地辯稱靈魂會再生。相反地，伊壁鳩魯派則努力破除靈魂不朽之說。他們認為，掃除一切不朽的思想，便可消除對於死亡的恐懼感。我們應對自己說，死亡是微不足道的，不管我們活著或死去，對我們都沒有影響：如果活著，我們無需恐懼死，因為生命仍為我們所珍有；如果死去，我們也無需恐懼，因為恐懼乃是活人意識的表現。所以，只要我們存在，死亡便不存在，故而我們和死亡永不碰頭。

莊子的觀點，和他們稍有出入。他不像蘇格拉底那樣，為了彌補自己在現實世界所受的災難，於是幻想一個來生世界以作阿Q式的滿足。他較接近伊壁鳩魯派的看法，認為死亡是不足為懼的；但伊壁鳩魯派以為死亡只像「無夢的睡眠」，莊子則把它當作「夢中的睡眠」。人生如在夢中，則似乎承認死後仍有意識活動，如莊周蝶化後的「栩栩然而飛」。若說死後確有意識活動，這一點只能視為文學家的想像，而無法使人公認。不過，莊子也僅止於文學家的想像，並沒有做宗教家的幻想——虛構一個天國來欺矇自己，迷惑愚眾。況且，莊子死後蝶化的寓說，最大的用意乃在於化除人們對死亡痛苦的憂慮，藉變了形的蝴蝶來美化死亡之事。

在莊子的意識中，死亡不過是「翛然而往，翛然而來而已」（〈大宗師〉）。所以，我們要以曠達的心胸來迎接它。這一觀點，莊子藉秦失弔唁老聃之喪的故事，更生動地表明出來：

老聃死了，秦失去弔喪，號了三聲就出來了。

學生便問：「他不是你的朋友嗎？」

秦失說：「是的。」

學生又問：「那麼，這樣子弔唁可以嗎？」

秦失說：「可以的。原先我以為他是至人，現在才知道並不是。剛才我進去弔唁的時候，看見有老年人在哭他如同哭自己的兒子一樣，有少年人哭他如同哭自己的母親一樣。由此看來，老少都哭他哭得這樣悲傷，一定是和生時的他情感很深厚，而心中有不能自已者，所以不必說而說了，不必哭而哭了。這種作風是逃避自然，違背實情，忘掉了我們所賦有生命的長短。古時候稱哭為逃避自然的刑法。正該來時，老聃應時而生，正該去時，老聃順理而死（隨自然的變化而消失生命）。安時而處順，哀樂的情緒便不能入於心中了。古時候，把這叫做解除倒懸之苦。」（〈養生主〉）

世俗的人群，莫不生活在倒懸的狀態下，最大枷鎖是人類自身被死生的念頭——死之恐懼與生之情欲——所困住。人們如果能夠視生死如來去——飄然而來，翩然而去。乍去乍來，「安時而處順」，把生死置於度外，不受俗情所牽累，便像「懸解」——解除了倒懸一樣。達到這種心境的人，視死生如一。對生不必喜，也不必厭；對死不必懼，也不必樂。人生於天地間，勞逸死生都是極其自然的事，所以應坦然處之。如莊子說：

大地給我形體，用生使我勤勞，用老使我清閒，用死使我安息。所以善於掌握我的生，也就善於安置我的死。（〈大宗師〉）

莊子說：「善吾生者，乃所以善吾死也。」過著健全的一生，乃是享受圓滿的死亡；肯定生，乃所以肯定死；死的價值，有賴於生來肯定；死的意義，有賴於生來賦予。你若有能力來掌握你的生，你也就有權利來埋葬你的死。如此，肯定「生」，實屬首要之事。

由此可知，莊子的生死觀念絕不是消極的，更不是出世的。在他〈逍遙遊〉內鯤鵬的寓言中，也可看出他對入世的情懷。

思想篇

鯤鵬和小麻雀

充實自我與自知之明

翻開《莊子》，首篇便是〈逍遙遊〉的鯤鵬寓說：

北冥有魚，其名為鯤。鯤之大，不知其幾千里也。化而為鳥，其名為鵬，鵬之背，不知其幾千里也；怒而飛，其翼若垂天之雲。是鳥也，海運則將徙於南冥。南冥者，天池也。

我們先從字面上說明其中的意義。

這裡的「北冥（海）」、「南冥」、「天池」都不是人跡所能到達的地方，其曠遠非世人的肉眼所能窺見，要以心靈之眼才能領會。這喻示需超越有形的空間與感官認識之限制。

莊子藉變了形的鯤鵬以突破物質世界中種種形相的範限，將它們從經驗世界中抽離出來，並運用文學的想像力，展開一個廣漠無窮的宇宙。在這新開創的廣大宇宙中，你被賦於絕對的自由，可縱橫馳騁於其間，而不加以任何的限制。

蓋俗語所謂「海闊憑魚躍，天高任鳥飛」，雖然是形容魚、鳥的自由，但畢竟是相對的、有限度的。因為魚、鳥的行動範圍，不可能越出於海、天之外，也就是說它們是受制於海、天的。因此，莊子所創造的巨鯤大鵬，意在破除有形海、空的限制，以拉開此一封閉的空間系統。

鯤「化而為鳥（鵬）」，僅是形狀的變化，而質和量是未變的。這裡的「化」，乃是朝著理想世界趨進的一個過程、一個方向。

「怒而飛」，意指來到人間世，奮力拓展。「怒」含有振作之意。

「海運則將徙於南冥」。海「運」即是海「動」，海動必有大風，大風起兮，鵬乃乘風飛去——這意指時機，即是時機成熟、條件充足才出而應世。

「南冥」的「冥」，亦作「明」解，憨山注：「謂陽明之方，乃人君南面之喻。」這喻示著人世的抱負。這一抱負一經開展，即充滿著樂觀的信念。由這裡可以看出，莊子並非如一般人所說的悲觀消極且懷遁世思想。相反，他滿懷入世的雄心，只是要俟時機——即是應世有其條件，非如孔孟冀賢君之悽悽惶惶。現實世界的環境若和他的想法相距太遠時，他便保留著自己的生活態度，而不願失去自己的原則。

現在，讓我們再討論這寓言的要點。

（一）莊子託物寓意，以鯤鵬意示他心中的理想人物——他稱為「至人」。首先要行跡隱匿，自我磨礪。鯤潛伏在海底，猶如讀書人沉伏桌案，埋頭探究，以充實自己，俟內在條件準備充實後，出而應世，如鵬之高舉。這種理想人物一經出現，其功便足以澤及百姓，如鵬之翼覆群生。

由此可知，莊子心中的理想人物實具有鯤鵬兩者的性格：如鯤一般的深蓄厚養之功與鵬一般的遠舉高飛之志。

（二）「北冥」、「海運」、「積厚」，意指人才的培育是需要優越的環境與自我準備。

所謂「鯤之大，不知其幾千里也」，照此而推，則北海之大，必然是廣漠無涯而不可以計量。大鯤非北海之廣不足以蓄養，喻意人才亦需優厚的環境培養。所謂小池塘養不了大魚，也正是「水之積也不厚，則其負大舟也無力」。載負大舟，必須水積深厚，這說明了環境對於培養人才的重要性。

在莊子筆下，大鵬的南飛之後，又出現小鳥的嘲語：

我盡全力而飛，躍到榆樹或檀樹上，有時飛不上去，投落地面來就是了，何必一舉九萬里飛往遙遠的南海呢？

小鳥生長在榆枋，騰躍於其間，洋洋自得，怎能體會大鵬的遠舉之志呢？至人的志趣，世俗淺陋之徒是無法理解的。所以，莊子藉此以喻世人之囿於短見。

莊子在蜩與斑鳩笑大鵬的文字後，下了一個斷語：「這兩隻小蟲又知道什麼呢？」接著他感慨地說出了「小知不及大知……眾人匹之，不亦悲乎」的話，顯然是說，浮薄之輩不能領會淵深之士，可是他們還不自量力想去比附，豈不是太可悲了嗎？緊接著，小麻雀又譏笑大鵬：「我騰躍而上，不過數仞而下，翱翔於蓬蒿之間，此亦飛之至也，而彼且奚適也。」就在這裡，莊子下了結論：「這就是小和大的分別啊！」

與〈逍遙遊〉有異曲同工之意的還有〈秋水〉篇。蓋〈逍遙遊〉的大鵬、小鳥和〈秋水〉篇的海若、河伯，實是前後相映，旨趣相若。河伯、海若的寓言是這樣寫的：

> 秋天霖雨綿綿，河水上漲，所有的小川都灌注到黃河裡去，河面驟然闊大，兩岸和水洲之間，連牛馬都分辨不清。於是河神揚揚自得，以為天下的盛美都集中在他身上了。他順著水流往東行走，

到了北海，他向東面瞭望，看不見水的邊際。於是河神才轉過臉來，仰望著海神感嘆著……

「河伯欣然自喜，以天下之美為盡在己」，這和〈逍遙遊〉中小麻雀的「翱翔於蓬蒿之間」，自得於一方，同樣表現了自我中心的哲學。這使我們想起許多河伯型的小哲學家，只知拘泥於瑣細，玩納微末而竊竊然自喜，這在莊子眼底裡，不過是一蚊一虻之知罷了！

涉世之道

不強求、不妄為的處世之道

「庖丁解牛」是莊子另一個家喻戶曉的寓言。莊子藉解牛喻意養生，寫來形聲俱活：

有一個廚夫替梁惠王宰牛。他舉手投足之間，劈劈啪啪地直響，進刀剖解，牛的骨肉就嘩啦一聲分離了，牛的分裂聲和刀的割切聲莫不合乎音樂的節拍，廚夫的一舉一動也莫不合於桑林樂章的舞步和經首樂章的韻律。

梁惠王看了不禁讚嘆著：「啊！好極了！技術怎能精巧到這般

的地步？」

廚夫放下屠刀回答說：「我所愛好的是道，已經超乎技術了。我開始宰牛的時候，滿眼只見渾淪一牛。三年以後，就未嘗看見整條牛了，所見乃是牛骸筋骨的分解處。到了現在，我只用心神來體會而不用眼睛去觀看，耳目器官的作用都停止了，只是運用心神，順著牛身上自然的紋理，劈開筋骨的間隙，導向骨節的空竅，按著牛的自然紋理組織去用刀，連筋骨盤結的地方都沒有一點兒妨礙，何況那顯見的大骨頭呢？好的廚子一年換一把刀，他們是用刀去割筋肉；普通的廚子一個月換一把刀，他們是用刀去砍骨頭。現在我的這把刀已經用了十九年，所解的牛有幾千頭了，可是刀口還像是新磨的一樣鋒利。因為牛骨節是有間隙的，而刀刃是沒有厚度的，以沒有厚度的刀刃切入有間隙的骨節，當然是游刃恢恢，寬大有餘了，所以這把刀用了十九年還是像新磨的一樣。雖然這樣，可是每遇到筋骨交錯盤結的地方，我知道不容易下手，就小心謹慎，眼神專注，手腳緩慢，刀子微微一動，牛就嘩啦一下子解體了，如同泥土潰散落地一般，牛還不知道自己已經死了呢！這時我提刀站立，張望四方，心滿意足，把刀子揩乾淨收藏起來。」

梁惠王說：「好啊！我聽了廚夫這一番話，得著養生的道理了。」

（〈養生主〉）

文惠君聽了庖丁的一番話，想到「養生」的道理上面去了。事實上，庖丁的話不僅意示著自處之道，也說出了處世之道。這生動的故事隱含著兩個重點：

（一）庖丁能順著自然的紋理去解剖筋骨盤結的牛，指出世事、世務的複雜，只要能順乎事物的自然組織去做，乃可迎刃而解。這說明了處世之道：勿強行，毋妄為。

（二）庖丁解牛，雖然「游刃有餘」，但是每次解牛的時候，他總是小心謹慎。解完牛，雖然「躊躇滿志」，但不露鋒芒，隨即把刀揩乾淨收藏起來。這心理上的警覺和行為上的收斂便是自處之道。

「庖丁解牛」的故事見於〈養生主〉，而它的旨意卻在〈人間世〉上更具體、更細微地發揮出來。後者的前一半文章，先敘述人世間的混濁難處，而後說出涉世的態度。後半部則多抒發自處之道，和「庖丁解牛」旨意相通。

〈人間世〉首先說盡了涉世的艱難。其所以艱難，乃因世間的混濁，而混濁當然是由統治階層所造成的。

由是，莊子假借孔子和顏回師生兩人的對話，揭露了當時統治者的黑暗面，如統治者的一意孤行（「輕用其國，而不見其過」），視民如草芥（「輕用民死，死者以國量乎澤若焦」）和只要賢能的臣子有愛民的表現，就會招忌而卒遭陷害（「修其身以下傴拊人之民……故人君因其修以擠之」）。

若要和這樣頑強暴虐的統治者相處，或進一步想去諫說他，便很困難了。「他一定會乘人君之勢，抓著你說話的漏洞，辯倒你。這時，你會自失其守，眼目眩惑，面色和緩，口裡只顧得營營自救，於是容貌遷就，內心無主，也就依順他的主張了。這是用火去救火，用水去救水，這就叫做幫兇了。」（〈人間世〉）那麼，面對這樣的情形，有什麼法子呢？

莊子假託顏回前後提出了三種對應的態度：

（一）「端虛勉一」——外貌端肅而內心謙虛，勉力行事而意志專一；

（二）「內直外曲」——心裡耿直而外表恭敬；

（三）「成而上比」——諫諍時引用古人的成語。

可是，莊子又借孔子的嘴，肯定統治者是積重難返，不可感化的！孔子又提出要「心齋」。「心齋」之道，乃要人做到「虛」——不要對外界的東西耿耿於懷，要能泰然處之。達到這種心境以後，才可進一步談處世之道的要訣：

若能入遊其樊，而無感其名，入則鳴，不入則止……絕跡易，無行地難。

莊子認為，在世網之中，要赴之以「遊」的心懷，不被名位所動。而且，和這樣乖謬的統治者相處，態度應該是：「能夠接納你的意見就說，不能接納你的意見就不說。」不必逞一時之氣，強使其接納。

莊子又認為，應世之難，莫過於君。而人間世上是無往而無君的，不管是直接或間接，總要和統治者接觸，發生關係，這是「無所逃於天地之間」

的事。因而，莊子反覆地說明涉世相處的艱難，並指出對應之策。在凶殘的權勢結構下，他提出「無用之用」，對統治階級採取不合作的態度，並提醒人們：自處之道，首在謹慎行事。

庖丁解牛雖然近於神乎其技，可是他每次碰上筋骨交錯的地方，就特別小心謹慎。在〈人間世〉中，莊子也一再提醒人不要像「志大才疏」的螳螂一樣，自恃本事大，「怒其臂以當車轍」，結果遭殃的還是自己。

才智之士，處於亂世務須小心謹慎，不要誇耀自己的才能，才能外露時會招忌於人，這是啟爭之端。因而，莊子看來，在這「福輕乎羽，禍重乎地」的年頭，才智之士應知藏鋒，藏鋒的妙策，莫過於以「無用」而藏身。

無用之用

凡事不可急功近利

世俗之人，往往以實用為權衡價值的標準。有直接而實際效用的事物，就認為它有價值；沒有直接而實際效用的，就認為它沒有價值。殊不知，許多東西的用處雖是間接而不顯著，然而其重要性卻遠超過了那些有直接效用之物。莊子雖然沒有指出純理論知識比實用技術重要，但是，他揭露了一般人的急功好利，目光如豆，而只知斤斤計較於眼前的事物。於是，站在實用本身的立場，他闡揚「無用之用」的意義。

從莊子哲學看來，「無用之用」有幾層意思：

（一）藉此說以發抒自己的心事。

莊子的立意藉縱橫洸洋的筆端傾瀉而出，「猶河漢而無極」，乍聽起來，覺其言「大而無用」、「狂而不信」。這點莊子似乎有先見之明。所以，他說：「瞽者無以與乎文章之觀，聾者無以與乎鐘鼓之聲。」

（二）世俗世界的人，限於小知與無知，往往有眼無珠而不識大才大用；他們是拙於用大的。

在〈逍遙遊〉裡，莊子又藉惠子以抒發自己的心事：

惠子對莊子說：「魏王送我一顆大葫蘆的種子，我種在土裡，長大以後，結出來的葫蘆足足有五石容量那麼大；用來盛水，它堅固的程度卻不足夠；把它剖開來做瓢，又沒有這麼大的水缸可以容納得了。我認為它空大無用，所以把它打碎了。」

莊子說：「你真是不善於使用大的東西啊！宋國有個人，精於製造一種不皸裂手的藥物，他家世世代代都以漂洗絲絮為業。有一個客人聽聞這種藥品，願意出百金收買他的藥方。宋人把全家人找來共同商量：『我家世世代代以漂洗絲絮為業，只得到很少的金子，現在賣出這個藥方，立刻就可以獲得百金，就賣了罷！』客人得到藥方，便去游說吳王，這時越國犯難，吳王就拜他為將，冬天和越國水戰，因為用了這藥，兵士可免於凍裂之患，結果大敗越國，吳王遂割地封賞他。同樣一種藥方，有人使用它，可以得到封賞；有人使用它，只是漂洗絲絮，這就是因為使用的方法不同的緣故。現在，你有五石容量的大葫蘆，為什麼不把它當作腰舟浮遊於江湖之中，卻反而愁它無處可容（用）呢？你的心真是茅塞不通啊！」

（〈逍遙遊〉）

同是一物，不同的人以不同方法使用它，便產生了如此相異的效果。在這裡，莊子意示著世人的不善用其大。接著，又從和惠子的對話中引出他那「無用之用」的妙論：

惠子對莊子說：「我有一棵大樹，人家都叫它為『樗』。它的樹幹上木瘤盤結，不能合乎『繩墨』，它的小枝彎彎曲曲，不能合乎『規矩』。長在大路上，經過的木匠都不瞅它一眼。你的言論，大而無用，大家都不肯相從。」

莊子說：「你不曾看見過野貓和黃狼嗎？卑伏著身子，等待捕捉出遊的小動物，東西跳躍，不避高低，往往踏中捕獸的機關，死於網罟之中。再看看那犛牛，龐大的身子好像天邊的雲彩，雖然不能捉老鼠，但它的功能可大極了。現在你有這麼一棵大樹，還愁它無用，為什麼不把它種在渺無人煙的地方，廣漠無邊的曠野上，你可無所事事地徘徊在樹旁，逍遙自在地躺在樹下。這樹就不會遭受斧頭的砍伐，也沒有東西會侵害它。無所可用，又會有什麼禍害呢！」（〈逍遙遊〉）

〈人間世〉裡亦將「無用之用」這觀念大加發揮。

有個名叫石的木匠往齊國去，到了曲轅，看見有一棵為社神的櫟樹。這棵樹大到可以供幾千頭牛遮蔭，量一量樹幹有百尺粗，樹身的長度高過山頭好幾丈以上才生樹枝，可以造船的旁枝就有十幾棵。觀賞的人群好像鬧市一樣的擁擠，匠人卻不瞧一眼，直往前走。他的徒弟站在那兒看了個飽，追上石匠，問說：「自從我拿了斧頭跟隨先生，未曾見過這麼大的木材。先生不肯看一眼，直往前走，為什麼呢？」

石匠說：「算了罷，不要再說了！那是沒有用的『散木』，用它做船就會沉下去，用它做棺槨就會很快腐爛，用它做器具就會很快折毀，用它做門戶就會流汙漿，用它做屋柱就會被蟲蛀。這是不材之木，沒有一點用處，所以才能有這麼長的壽命。」

石匠回家以後，夜裡夢見櫟樹對他說：「你要拿什麼東西和我相比呢？把我和文木相比嗎？那柤梨橘柚等結果子的草木之類，果實熟了就遭剝落，剝落就受傷；大枝被斷，小枝被拉下來。這都是由於它們的『才能』害苦了自己的一生，所以不能享盡天賦的壽命，中途就夭折了。這都是由於自己顯露有用而招來世俗的打擊，一切東西沒有不是這樣的。我把自己顯現無處可用的樣子，已經很久了，然而有好幾次我還是幾乎被砍死，到現在我才保全到自己，『無處可用』對我正是大用。假使我有用，我還能長得這麼大嗎？」

（〈人間世〉）

（三）不為世俗所容的人，對於他們自己本身卻有很大的益處，尤其是不被統治階層所役用的人，對於自身是件幸事。

世俗對於能者的排擠打擊，實在是無所不為。莊子喚醒才智人士，要能看得深遠，不必急於顯露自己，更不可恃才妄作，否則若不招人之嫉，也會被人役用而成犧牲品。

自我的顯現或炫耀，都將導致自我的毀滅，正如「山上的樹木被做成斧柄來砍伐自己，油膏引燃了火反轉來煎熬自己。桂樹可以吃，所以遭人砍伐；漆樹可以用，所以遭人割取」（〈人間世〉）。這和「虎豹因為身上有紋彩，所以招引人來獵取」(〈應帝王〉)的道理是一樣的。無怪乎莊子喟然感嘆地說:「世人只知道有用的用處,而不知道無用的用處。」(〈人間世〉)

莊子強調「無用」,並不是為一切「廢物」辯護,也不是表現頹唐的心境,乃在於提醒才智之士不可急功近利而為治者所役用,否則,後患便無窮了。譬如李斯,在他做秦朝宰相時,真是集富貴功名於一身,可是最後終於在政治鬥爭中垮下來。當他被拘下獄時,他不禁仰天而嘆說:「昔者桀殺關龍逢,紂殺王子比干,吳王夫差殺伍子胥,此三臣者,豈不忠哉,然而不免於死,身死而所忠者非也。」(《史記・李斯列傳》)李斯所感嘆的,莊子早指出了。多少人貴幸名富顯於當世,然而卒不免為階下囚:「狡兔死,良狗烹……敵國破,謀臣亡」。從淮陰被誅、蕭何繫獄的事例,我們可以體會莊子倡言「無用」的警世之意。他深深地覺察到智士多懷才不遇,因之往往陷於悲觀或悲憤,於是乃發揮「無用之用」的旨意,以拯救知識分子的危機。在這一點上,莊子對於後代讀書人的抗議精神有深遠的影響。

莊子生當亂世，深深地覺察到在亂世裡「無用」於治者實有「用」於己——不被官僚集團所役用對自己實有很大益處。敏銳的莊子一眼便看穿那些官僚集團不過是戴了面具的盜跖之流。他們豪奪國土，搖身一變而為諸侯；更巧取仁義，將自己塑造為聖人。莊子一方面機警地避開他們，不與為伍，另一方面又靈妙地揭開了他們假仁假義的面具。

愛人利物之謂仁

思辨束縛人性的規範

在莊子的世界中，那種自得其得、自適其適的心境，那份廣大寬閒、悠然意遠的氣派，都是別家所無的。因而，在他的天地裡，凡是一切束縛人性的規範，他都會舉筆抨擊。

在內篇中，莊子對於仁義的弊端，有力地點了兩筆：

仁義的論點，是非的途徑，紛然錯亂。（〈齊物論〉）

堯用仁義給人行墨刑。（〈大宗師〉）

莊子並不反對道德本身，他所反對的是「違失性命之情」的宗法禮制，是桎梏人心的禮教規範（「禮教」一詞最早見於《莊子・徐无鬼》）。莊子說「大仁不仁」、「至仁無親」，又說「愛人利物之謂仁」，「大仁」、「至仁」、「愛人」是有真情實感而無偏私的德行。

莊子為文，幽渺之至。當他要否定一樣東西的時候，往往從旁設喻，令你無法正面衛護；或偶爾一筆帶過，筆力卻雄勁不可擋。他絕不怒形於色，更不作怒罵的姿態。所以，外篇及雜篇中有許多對於仁義大肆「掊擊」的言辭，看來不像莊子本人的語調及風格，可能是莊子後學的筆法。也許到了莊子晚年，仁義已變成統治階層戕賊人類的工具，禍害甚深。

莊子後學掊擊仁義，不外乎兩個重要原因：

（一）仁義已成為強制人心的規範。

仁義已像「膠漆纆索」般囚鎖著人心，結果弄得「殘生傷性」。

莊子後學甚而激烈地抨擊，若從殘害生命、戕傷人性的觀點看來，為仁義而犧牲的人，世俗上卻稱之為「君子」。這些好名之徒，事實上和「小人」又有多大的分別呢！

對仁義的「攖人心」（〈在宥〉），莊子在〈天運〉中作了有趣的譏諷：

孔子見老聃談起仁義，老聃說：「蚊子叮人皮膚，就會弄得整晚不得安眠。仁義攪擾人心，沒有比這更大的禍亂了。」

意識形態化的仁義對人性紛擾，道家人物的感受可說最為敏銳。

（二）仁義已成為「聖人」們的假面具，「大盜」們的護身符。

仁義這東西，行之既久，便成為空口號而失去原有的意義了。更糟的是，它已成為作惡者的口頭禪了。

莊子學派菲薄仁義，最主要的原因，乃是因它被「大盜」竊去，成為王權的贓品了：

聖人不死，大盜不止。雖然借重聖人來安定天下，卻大大增加了盜跖的利益。制定斗斛來量東西，就連斗斛也一起竊取了；設計天秤來稱東西，就連天秤也一起竊取了；做成印章來互相取信，就連印章也一起竊取了；提倡仁義來矯正行為，就連仁義也一起竊取了。怎麼知道是這樣的呢？那竊取帶鉤的就被刑誅，竊取國家的反成諸侯，諸侯的門裡，就有了仁義。（〈胠篋〉）

「聖人不死，大盜不止」中隱含著兩個意義：

（一）聖人「蹩躠為仁，踶跂為義」，汲汲於用仁義繩人，遂激起人的反感，而禍亂滋生。

（二）「聖人」和「大盜」乃名異而實同。他們假借「仁義」的美名，以粉飾謊言，掩藏醜行。所以說，「竊國者為諸侯，諸侯之門而仁義存焉」。

這是一項沉痛的透視，同時，也確切勾畫出當時社會背景的真情實況。

理想人物

不受外界影響，把握自我

在莊子眼中，世俗人群之外，世間還有幾類特殊之士：

思想犀利，行為高尚，超脫世俗，言論不滿，表現得很高傲；這是山林隱士、憤世的人、孤高寂寞者、懷才不遇者所喜好的。談說仁義忠信，恭儉推讓，潔好修身而已；這是平時治世之士、實施教育的人、講學設教者所喜好的。談論大功，建立大名，維護君臣的秩序，匡正上下的關係，講求治道而已；這是朝廷之士、尊君強國的人、開拓疆土建功者所喜好的。隱逸山澤，棲身曠野，釣魚閒居，無為自在罷了；這是優游江海之士、避離世事的人、閒暇幽隱者所喜好的。吹噓呼吸，吞吐空氣，像老熊吊頸飛鳥展翅，為了延長壽命而已；這是導引養形的人、彭祖高壽者所喜好的。（〈刻意〉）

上面列舉的五種人，也可說略道盡世間的品流。而莊子卻另外創構了一種理想人物，有時稱他們為至人，有時稱為真人，又有時稱為天人或神人，不一其名。

〈逍遙遊〉中說到這種理想人物，能夠順著自然的規律，以遊於變化之途。莊子運用浪漫的手法，將這類人描繪得有聲有色：

藐姑射之山，有神人居焉，肌膚若冰雪，綽約若處子。不食五穀，吸風飲露。乘雲氣，御飛龍，而遊乎四海之外。

莊子以文學式的幻想，把姑射之山的神人構繪得有若天境中的仙子。在這裡，有幾點值得我們注意：這是浪漫幻想的馳騁，絕非神仙家之言；而莊子的用意在於打破形骸的拘囚，以使思想不為血肉之軀所困；至於「遊乎四海之外」是精神上的升越作用，和〈天下〉篇的「與天地精神往來」具有同樣的意義。

在不受外界物質條件約束的意義下，莊子在〈齊物論〉上這樣描寫：

至人神矣！大澤焚而不熱，河漢沍而不能寒，疾雷破山風振海而不能驚。若然者，乘雲氣，騎日月，而遊乎四海之外。

莊子這種筆法在當時是很新鮮的，在表達辭意和開拓境界方面，都富有獨創性。

神人的面貌，極具形相之美。可是到了〈德充符〉，莊子卻筆鋒迴轉，把德行充實者的形相裝扮得醜陋之至。好像粉墨登臺的丑角一般，接連出現了三個跛子，然後是一個醜貌的人和一個拐腳、駝背而缺嘴的人，最後是一個頸項長著大如盆的瘤癭者。莊子為什麼要把他們勾畫得這般奇形怪狀呢？原來，他想藉此以說明「德有所長，而形有所忘」。在破除人們重視外在形骸這觀念上，莊子雖然描繪得矯枉過正，可是他的用意並不難體會，因為他一心一意要強調須以內在德行來感化他人。

〈德充符〉中這些四體不全的人，雖然「無人君之位以濟乎人之死，無聚祿以望人之腹，又以惡駭天下」，可是這些人卻有一股強烈的道德力量吸引著大家。形體醜而心靈美，便是莊子所創造的一種獨特的理想人物。

莊子運用他那豐富的想像力，在〈德充符〉中做了一番奇異的寫照外，又在〈大宗師〉給「真人」換上一副面貌：

什麼叫做真人呢？古時候的真人，不違逆微少，不自恃成功，不謀謨事情；若是這樣，便沒有得失之感，過了時機而不失悔，順利得當而不自得。像這樣子，登高不發抖，下水不覺濕，入火不覺熱。這就是知識能到達與道相合的境界。古時候的真人，睡覺時不做夢，醒來時不憂愁，飲食不求精美，呼吸來得深沉。

古時候的真人，不貪生，不怕死，泰然而處；無拘無束地去，無拘無束地來，不過如此而已。不忘記他自己的來源，也不追求他自己的歸宿，順乎始終的自然……

像這樣子，他心裡忘記了一切，他的容貌靜寂安閒，他的額頭寬大恢宏；冷肅得像秋天一樣，溫暖得像春天一樣，一喜一怒如同四時運行一樣的自然，對於任何事物都適宜，但也無法測知他的底蘊。

古時候的真人，樣子巍峨而不畏縮，性情謙和而不自卑；介然不群並非堅執，心志開闊而不浮華；舒暢自適好像很喜歡，為人處世好像不得已；內心湛然而面色和藹可親，德行寬厚而令人歸依；嚴肅不驕，高邁於俗，沉默不語好像封閉了感覺，不用心機好像忘了要說的話。（憨山《莊子內篇注》）

莊子將真人的心態、生活、容貌、性情各方面，給了我們一個基本輪廓。這種真人「雖超世而未嘗越世，雖同人而不群於人」。至於另外一些神奇的描寫，譬如說真人「登高不栗，入水不濡，入火不熱」，無非是強調他不受外界任何的影響而能把握自我罷了！

把握自我即意味著不受外在因素或物質條件的左右；不計較利害、得失、生死，這樣的胸懷，確實需要有真知的熏陶，正所謂「有真人，而後有真知」。

肯定真知

理解真知的重要性

許多學者以為莊子是否定知識的，但這只是皮相之見。

莊子在〈養生主〉內，說了一句眾所周知的話，引起了普遍的誤解。他說：

> 吾生也有涯，而知也無涯，以有涯隨無涯，殆已！（〈養生主〉）

的確，「我們的生命是有限的，而知識是無窮的」。這是沒有人懷疑的事實。莊子再提出警惕，如果「以有限的生命去追求無窮的知識，就會弄得疲困不堪了」。莊子由於對人類的認知能力與知識範圍，作了一番深徹的檢討與反省，因此提出了這樣的警惕。再看〈秋水〉篇，莊子對於這觀點有更清楚的引申：

> 計算人所知道的，總比不上他所不知道的；人有生命的時間，總比不上他沒有生命的時間；以極其有限的生命去追求無窮的知識領域，必然會茫然而無所得。

莊子對於生命的限度和知識的範圍作了一番省察，認為以有限的生命力去追求無窮的知識範圍，是人類能力所無法達到的。若在能力以外的地方去挖空心思，必然會茫然而無所得。這也正是莊子提醒人們「以有涯隨無涯，殆已」的原因了。

由於知識是浩瀚無邊的，而人類的生命和認知能力卻有限。因而，莊子認為，這認識或許對於匆促的人心是頗有益處的：當知識的探求已超出極限範圍以外，便應適可而止；而對於我們能力所不能達到的事物，亦應安於無知。所以，莊子說：「知，止乎其所不能知，至矣！」（〈庚桑楚〉）。如果我們了解英國哲學家洛克也是致力於劃分人類理解力的能限，我們就更能深一層體會莊子的用意了。

《莊子》書中確有反對「知」的言論，然而他所反對的，乃是世俗之知，是「小知」。據我的分析，不外乎下列幾種情形：

（一）世俗之知不過是適時應世的口耳之學。

（二）世俗之知多屬感覺之知。這一類的「知」可開擴欲的範圍與滿足欲的需求，然而也僅止於取足一身口體之養。

（三）智巧之知為啟爭之端，宜加以擯棄。莊子所謂：「知出乎爭……

知也者，爭之器也。」（〈人間世〉）「智」往往成為人們互相爭辯的工具，用來誇耀自己。

（四）「小知」只是片面的認識，往往偏執一端，拘於一隅而自以為是，所謂「是其所非，而非其所是」（〈齊物論〉），各以所見為知，各以所守為是，這一切都是主觀意念與成見所造成的。

「小知」的形成乃由於「拘於虛」、「篤於時」、「束於教」（〈秋水〉）——受空間的拘囚、時間的範限以及禮教的束縛——所致，所以是一種封閉性的見識而已。〈秋水〉篇中，莊子還藉一個寓言，譏諷這類小知小見者：

你沒有聽到淺井蝦蟆的故事嗎？這蝦蟆對東海的大鱉說：「我快樂極了！我出來在井欄杆上跳躍，回去在破磚邊上休息；在水裡游的時候，水就浮起我的臂腋、支撐著我的兩腮；踏在泥裡的時候，泥就掩蓋著我的腳背。回顧井中的赤蟲、螃蟹與蝌蚪，都不如我這般地逍遙自在。況且我獨據一池井水，跳躍其間，真是快樂到極點了。先生，你何不常進來觀賞觀賞呢！」

東海的鱉左腳還沒有跨進去，右膝已經被拘束了。於是乃從容地退卻，把大海的情形告訴它：「千里路的遙遠，不足以形容它的大；八千尺的高度，不足以量盡它的深。禹的時代，十年當中有九年水災，然而海裡的水並不增加；湯的時代，八年當中有七年旱災，然而海邊的水並不減退。不因為時間的長短而改變，不由於雨量的多少而增減，這也是在東海的大快樂啊！」

淺井裡的蝦蟆聽了驚慌失措，茫然自失。

河伯的「欣然自喜」和井底蝦蟆的「跨跱埳井之樂」，寫盡了小知小見的固蔽，一旦見到「大方之家」的真知灼見，便豁然開通。由此可知，莊子並非要貶抑知識或抹殺智慧：

（一）任何一種物相，從不同的角度去觀察，會得出不同的印象；你從這面看就看不見另一面，他從另一面看就看不見這面，有因而認為是的，就有因而認為非的，有因而認為非的，就有因而認為是的。所以，事物因對待而產生了是非，同時，人總認為自己「是」而別人「非」，因而堅持己見，爭論不休。事實上若能互相易地而觀，則是非爭論自然消失。唯懷有真知才能從事物的整體性著眼，並從每個角度作全面觀察。所以，真知乃能「照破」是非對待，而達成全體的觀照與全面的透視。

（二）真知不拘限於形跡。這觀點見於〈秋水〉篇河伯和海若的寓言中：

河神說：「世俗的議論者都說：『最精細的東西是沒有形體的，

最廣大的東西是沒有外圍的。』這是真實的情況嗎？」

北海神說：「從小的觀點去看大的部位，是看不到全面的，從大的觀點去看小的部位，是看不分明的。『精』是微小中最微小的；『垺』是廣大中最廣大的；大小各有不同的方便，這是情勢如此。所謂精小粗大，乃是限於有形跡的東西；至於沒有形跡的東西，便是數量都不能再分了；沒有外圍的東西，便是數量也不能窮盡了。可以用語言議論的，乃是粗大的事物；可以用心意傳達的，乃是精細的事物；至於語言所不能議論，心意所不能傳達的，那就不局限於精細粗大了。」

知識的領域不局限於有形世界，所以思想角度不宜拘於物相、役於語言。

（三）人要了解知識的物件，知識的性質；了解人在宇宙中所處的地位；

了解知識所能達到的範圍，如超出此範圍，便應安於無知。

（四）了解物物之間的對待關係，並要超出事物的對立性而體會和諧之美。

（五）擴大人類對於自然界的信念與信心。注意天（自然）人之間的關係：取消人和自然的對立，而與自然相和諧。人為自然的一部分——自然如同大我，個人如同小我，在本質上是如一的。所以，人生活在大自然的懷抱內，應取法乎自然——人類的行為與行事都應合乎天然的運行，一切順其自然無為。

自然無為

事情順其自然，不強加於人

莊子提出「自然無為」思想是有其時代背景的。當時，社會已經到達了「紛然淆亂」的情景，各類政治人物都在囂囂競逐，結果弄得「天下瘁瘁焉人苦其性」。莊子洞察這禍亂的根源之後，就認為凡事若能順其自然，不強行妄為，社會自然能趨於安定。所以，莊子「自然無為」的主張，是鑑於過度的人為（僞）所引起的。在莊子看來，舉凡嚴刑峻法、功名利祿、知巧機變，都是扭曲自然的人性，扼殺自發的個性。

在莊子看來，凡事都要能適其性，不要揠苗助長，「鳧脛雖短，續之則憂；鶴脛雖長，斷之則悲。故性長非所斷，性短非所續」（〈駢拇〉）。任何「鉤繩規矩」的使用，都像是「絡馬首，穿牛鼻」，均為「削其性者」，正如〈馬蹄〉篇上描述的：

> 馬，蹄可以踐霜雪，毛可以禦風寒，齕草飲水，翹足而陸，此馬之真性也。雖有義台路寢，無所用之。及至伯樂曰：「我善治馬。」燒之，剔之，刻之，雒之，連之以羈縶，編之以皁棧，馬之死者十二三矣；飢之，渴之，馳之，驟之，整之，齊之，前有橛飾之患，後有鞭筴之威，而馬之死者過半矣。

「橛飾之患」，乃為造成苦痛與紛擾之源；凡是不順乎人性而強以制度者亦然。

這一觀點同樣可以推廣到政治層面上。統治者不要自訂法律來制裁人民，這樣去「治天下」就如同「蚊子負山」，是不能成功的。因此，一切要任其自然，不要使用手段來壓制人民。「鳥兒尚且知道高飛以躲避網和箭的傷害，老鼠尚且知道深藏在社壇底下，以避開煙熏鏟掘的禍害，難道人民無知到還不如這兩種蟲子嗎？」（〈應帝王〉）所以，在〈應帝王〉中，莊子認為，若能「順應事物變化的自然，不要用自己的私心，天下就可以治理好了」。

——這也是「自然無為」的旨意。

於此可知，「無為」即是指，掌握權力的治者不要將自己的意欲強加於人民身上。否則，用心雖善，也會像魯侯養鳥一樣適得其反：

從前有隻海鳥飛落在魯國的郊外，魯侯把它迎進太廟，送酒給它飲，奏九韶的音樂使它樂，宰牛羊餵它。海鳥目眩心悲，不敢吃一塊肉，不敢飲一杯酒，三天就死了。這是用養人的方法去養鳥，不是用養鳥的方法去養鳥。……所以先聖了解人的個別性。

（〈至樂〉）

在〈應帝王〉的篇末，有一個含義深遠的寓言，這便是著名的「鑿渾沌」：

南海的帝王名叫儵，北海的帝王名叫忽，中央的帝王名叫渾沌。儵和忽常到渾沌的國境裡相會，渾沌待他們很好。儵和忽商量報答渾沌的美意，說：「人都有七竅，用來看、聽、飲食、呼吸，唯獨他沒有，我們試著替他鑿七竅。」一天鑿一竅，到了第七天，渾沌就死了。

「渾沌」是代表著質樸、純真的一面。莊子目擊春秋戰國時代，國事紛亂，弄得國破人亡，都是由於統治階層的繁擾政策所導致。莊子這一寓言，對於當世是一個真實的寫照，對於後代則是澄明的鏡子。對照著這粉飾雕琢的當今世界，這寓言尤其具有特殊意義。

歸結地說，莊子的「自然」乃喻示著人性的自由伸展與人格的充分發展，不受任何外在力量的強制壓縮或約束，如此，才能培養一個健全的自我。然而，自我的個性與意欲卻不能過分伸張，如若影響到他人的行動或活動範圍時，便容易構成脅迫、侵占乃至併吞的現象。至此，乃有「無為」思想出現。「無為」即是喚醒人們不要以一己的意欲強行施諸他人，這樣才能維持一種均衡的人際關係。在這關係中，人與人之間的存在地位是並列的，不是臣服的。如此，每個人都可發揮自己的意志和創造力，而做到真實的存在；另一方面，人人都能承認並尊重他人的個性與地位。在這樣的社群關係中，個人既可得到充分發展，又可群聚而居。

莊子「自然無為」的觀念，負面的意義是因過度的虛偽、造作所引起，正面的意義則是他察照自然界中的現象後所引發的，因為他發現自然界中，四時運行，萬物滋生，一切都在靜默中進行。大自然的寧靜優美，實可醫治及粉飾虛偽的人事所帶來的煩囂混亂。因此，「自然無為」的觀念，可說是由廣大的自然之美孕育而成的。

自然之美

人與自然的和諧之美

莊子實為一位自然哲學家。他的哲學觀念乃放眼於廣大的自然界，不似儒家僅局限於人事界。

西方亦有很多自然哲學家，然而，基本的精神和觀點則和莊子有很大的不同。希臘人往往把自然界看成無意義的物質世界；中世紀更視之為實現人性虛榮欲望的活動場所，因而把它當作罪惡之域；及於近代，則把自然界看為一數理秩序、物理秩序的中立世界，並排除一切真善美的價值，視之為非價值的領域。

西方的自然哲學，以客觀世界為對象，將人類置於卑微的地位。尤其是早期希臘哲學思想，均不出自然的範圍，那些哲學家所注意的是外在的世界，並持科學的態度加以剖析了解。至於人類，則僅被視為自然的一部分，因而，人類生命的活動及價值便被忽略不談了。莊子的自然哲學則不然，他以人類為本位，並將生命價值灌注於外在自然，同時，復將外在自然點化而為藝術的世界。由是，在莊子的哲學中，人與自然的關係，不似西方常處於對立的「分割」狀態，而是融成一個和諧的整體世界。

許多西洋哲學家，將自然視為價值中立的世界，更有不少人將自然視為負價值的領域，遂使人和自然的關係處於衝突與鬥爭中。羅素談到人類的「三種衝突」時說，「人的天性總是要和什麼東西衝突的」，並視人的鬥爭有三種，第一種就是「人和自然的衝突」，而鬥爭勝利便是生存的要件，勝利者往往以征服者的姿態出現，將自然視為一種束縛，為了解除束縛，於是致力去認識它、克服它。西方科學知識與科學技術能夠如此發達，大抵可說是這一態度所促成的。

綜合來看，西方以往的形而上學家，對於自然均表現出一種超越的觀念。他們常在自然之外，幻想另一超自然，以為對立。到了近代，哲學家才借助於科學知識，就自然本身做出剖析。這是屬於純理論系統的建構，而他們和自然接觸後的態度，卻迴異於莊子。在莊子心目中，廣大的自然乃是各種活潑生命的流行境域，自然本身，含藏著至美的價值。所以，莊子不憑空構造一個虛空的超自然，也不將現有的自然視為沉滯的機械秩序。

莊子認為，自然是生我、養我、息我的場所，我們的衣食取之於自然，遊樂憑藉著自然，陽光空氣、春風秋月都是大自然給我們的「無盡藏」寶物。這樣的自然實為滋生萬物而具慈祥性的 mother nature。所以，在莊子心中，人和自然之間根本沒有衝突，相反，彼此間表現著和諧的氣氛。莊子〈齊物論〉上的「三籟」中，天籟與地籟相應，地籟與人籟相應——自日月星辰，山河大地以至於人身也是一個大和諧。

莊子的自然觀，影響後人很大，這種思想也可說代表了中國人心境上一個顯著的特徵。後世「遊於萬化」的藝術精神和「返回自然」的文學呼聲，都是在莊子哲學中尋得啟示。陶淵明「久在樊籠裡，復得返自然」的感慨，亦道出了莊子的心聲，同時也表明了人事無異於羅網，唯有自然乃最為賞心悅目的去處。

「山林歟，臯壤歟，使我欣欣然而樂歟！」大自然對於莊子心境的熏染，無疑是很深刻的，再加上他那獨特的審美意識，所以在他看來，大自然就是一個美妙的境地，我們根本無需在世外另找桃源。他深愛這個自然世界，因而對它採取同情與觀賞的態度。

自然是美的。在莊子眼中，自然之美含藏著內在生命及其活潑之生機，它孕育萬物，欣欣向榮，表現著無限的生意。無怪乎莊子讚嘆著：

天地有大美而不言，四時有明法而不議，萬物有成理而不說。
（〈知北遊〉）

自然之美表現於無言，莊子乃由大自然的默察中而引申其無言之美。

不辯之辯

放下成見與主觀認定的是非對錯

戰國中期的莊子，正值百家爭鳴以及堅白異同之辯最熱鬧的時候。敏銳的他，把各家爭辯時的情形都看在眼底，他描述當時的境況是：

大知廣博，小知精細；大言氣焰凌人，小言則言辯不休。他們睡覺的時候精神錯亂，醒來的時候則形體不寧。一旦接觸到外界的事物便好惡叢生，整天勾心鬥角。有的出語遲緩，有的發言設下圈套，有的用辭機巧嚴密。他們總是恐怕被別人駁倒，於是內心惶然，小的恐懼是提心吊膽，大的恐懼是驚魂失魄。他們專心窺伺別人的是是非非，一旦發現別人的漏洞，便發言攻擊，其出語之快有若飛箭一般；他們不發言的時候，就心藏主見，如固守城堡一樣，默默不語以等待致勝的機會。他們工於心計，天真的本性就日漸消失，如同秋冬的肅殺之氣；他們沉溺在所作所為之中，一往而不可復返。他們故步自封，被無厭的欲求所蔽塞。於是心地麻木，沒有辦法使他們恢復活潑的生氣了。他們時而欣喜，時而憤怒，時而悲哀，時而歡樂，時而憂慮，時而嗟嘆，時而反覆，時而驚懼，時而浮躁放縱，時而張狂作態。

（〈齊物論〉）

莊子把當時各家爭論時的心理狀態與行為情態，描繪得淋漓盡致。我們可以想像得到，當時的文化論戰，大家辯爭得鼓睛暴眼的樣子。莊子這一描繪，倒是擊中了世界各地派別相爭時的景象。

各家為什麼會這樣「紛然淆亂」地爭辯呢？在莊子看來，就是由於「成心」。這是由一時一地的自我主觀因素所促成。促成之後，人人就拘執己見，偏於一隅；最後浮詞相向，便衍成口辯。在這裡，莊子找出儒墨兩家作為代表，以「不譴是非」的態度，而行譴責之實：

> 道是怎樣被隱蔽而有真偽呢？言論是怎樣被隱蔽而有是非呢？「道」是無往而不存的，言論是超出是非的，「道」是被小的成就隱蔽了，言論是被浮華言詞所隱蔽了，所以才有儒家墨家的是非爭辯。雙方都自以為是，以對方為非。對方所認為「是」的，就說成「非」；對方所認為「非」的，就說成「是」。（〈齊物論〉）

「小成」的人，拘泥於片面的認識。於是，雙方相互指責，每個人都自以為是，排斥異己，因此捲入紛爭之中，其爭愈久，其紛愈不可解。

在爭論之中，各家都勞動心思去求其齊，而不知道他們所爭的東西根本都是一樣的。這就好像〈齊物論〉中養猴子的老人，分橡子給猴子吃：「早晨給你們三升，晚上給你們四升。」猴子聽了都發起怒來。狙公又說：「那麼，早晨給你們四升，晚上給你們三升吧。」猴子聽了都高興起來。名和實都沒有變，只是利用猴子的喜怒情緒，順著它們的所好而已。

這些爭辯不休的學者，就像爭著「朝三暮四」還是「朝四暮三」的猴子一樣，其實「名」和「實」並沒有因爭論而改變，大家只是各持主見來作為認識的標準而已。因此，在莊子看來，這些爭辯中，勝者未必就是對的，敗者亦未必就是錯。這樣的爭辯從何判定是非呢？所以，他說：

> 假使我和你辯論，你勝了我，我沒有勝你，你果然對嗎？我果

然錯嗎？我勝了你，你沒有勝我，我果然對嗎？你果然錯嗎？是我們兩人有一人對一人錯呢？還是我們兩人都對或者都錯呢？我和你都不知道。凡人都有偏見，我們請誰來評判是非？假使請意見和你相同的人來評判，他已經和你相同了，怎麼能夠評判呢？假使請意見和我相同的人來評判，他已經和我相同了，怎麼能夠評判呢？假使請意見和你我都不同的人來評判，他已經跟你和我相異了，怎麼能夠評判呢？假使請意見和你我都相同的人評判，他已經跟你和我相同了，怎麼能評判呢？那麼，我和你及其他的人都不能評定誰是誰非了。

（〈齊物論〉）

這是中國學術史上一段很精彩的「辯無勝」的說辭。任何人談問題時都不免摻有主觀的意見，主觀的意見都不能作為客觀的真理。當時學術界這種情形，莊子看得很透徹，各家都在是是非非的漩渦裡爭吵不休；而這些是非都是在對待中產生的，都是虛幻的。那麼，這裡留下了一個問題：從哪裡建立客觀的標準呢？

莊子的回答是：在於「道」。

不道之道

遍及自然萬物的道

老子將「道」提升到中國哲學的最高範疇。莊子更以詩人的筆法形容它可以「終古不貳」，能夠「不生不死」，使得後代無數讀書人一碰上它，思考就模糊起來，像跌進一片渾沌之中。

（一）否定神造說

「道」是中國文化的特產，一如「上帝」為西洋文化的特產，它們有異曲同工之妙。每當那些思想家遇上任何解決不了的問題時，都一股腦兒往裡推。然而，「道」和「上帝」這兩者在性質上卻有很大的分別，「道」沒有了「上帝」那種宗教獨一而專斷威權的意味。

西洋宗教或神話解釋宇宙，是在現象之上去尋找原因。莊子則不然，他以自然界本身來說明世界，他認為自然界的一切變化，都是它自身的原因，即所謂「天地固有常矣，日月固有明矣！」（〈天道〉）這個「固」字，便說明了「本來如此」，而不是外來的因素。〈知北遊〉也說到：「天不得不高，地不得不廣，日月不得不行，萬物不得不昌，此其道與！」所謂「不得不」，乃屬必然之事。莊子十分強調萬物的「自化」，他全然否定有什麼神或上帝來支配自然界。

在莊子看來，自然界的各種現象都是「咸其自取」的。〈齊物論〉內，莊子用長風鼓萬竅所發出的各種聲音，來說明它們是完全出於自然的：「夫吹萬不同，而使其自已也，咸其自取，怒者其誰耶？」這是說風吹過萬種竅孔發出了各種不同的聲音，這些聲音之所以千差萬別，乃是由於各個孔竅的自然狀態所產生，主使它們發聲的還有誰呢？這裡的「自取」、「自己」不都表明了無需另一個發動者嗎？「六合之外，聖人存而不論。」（〈齊物論〉）這態度豈不更顯明嗎？《莊子》一書中，完全沒有關於神造宇宙的寓言，也找不出一些祠祀祈禱的儀式或迷信，更沒有絲毫由神鬼來掌管死生的說辭。由此可知，有些學者將「道」視如宇宙的「主宰」，或予以神學的解釋是不妥的。

「道」具有形而上學的意義，它是天地萬物的「總原理」，並且無所不在，超越了時空，又超越了認識。〈大宗師〉中曾說：「道」彌漫於天地間，要說有神，神是從它生出來的，天地也是它生出來的。既然說它真實地存在著，卻又說它沒有形狀；既然沒有形狀，感官便無法把捉得了。這正如〈知北遊〉中所說的：「道不可聞，聞而非也；道不可見，見而非也；道不可言，言而非也。」如此，「道」便成為恍惚而無從捉摸之物。雖說老莊的「道」可以解釋為萬物的根源、法則或動力，然而它是不可靠感覺捉摸，又無法用理智推想的。這類具有詩意的語言，在哲學史上的意義，乃在於宇宙的起源及其現象。它揚棄了神話的籠罩，而以抽象的思索去解釋。莊子的解答雖然不一定正確，但對追尋問題仍是有重大意義的。

（二）狙公的手法

若從認識論的觀點來看莊子的道，則有如「狙公的手法」。我們且看看莊子的手法：

首先，莊子指出外界的紛亂騷擾，莫不捲入價值的糾葛中，這都是因成見、短視以及褊狹的主觀因素所造成的。於此，莊子指出一切主觀的認識，都只能產生相對的價值，而由於價值都是相對的，所以，他便進一步否決絕對價值的存在。這裡就留著一個重要的問題：如何重建認識標準？如何重整價值根源？

然而，巧妙的是，莊子指出現象界的相對價值以後，卻不立刻處理問題，而是隱遁到另一個範疇——「道」——上，並優游於其間，忘卻現象界一切無謂的對峙。在〈齊物論〉中，莊子就說到：各有各的是非，消除是非的互相對立，這就是道的要領了。了解「道」的理論以後，就像抓住了圓環的中心一樣，可以應付無窮的變化了。事實上，如何應付「無窮的變化」呢？莊子沒有說明，亦沒有提供一個固定的方法，以免流於執著。那麼，莊子認為用來消除是非對立的「道」，僅僅是個空托的概念嗎？由於他批評各家所見乃「小成」，而未及認識「道」的全貌，可知他的「道」為「整全」的概念。不過，他亦只是以概念上的「整全」來批判或否定各家的「小成」罷了！

（三）美的觀照

我們進一步考察，可以看出，莊子將老子所提出的「道」，由本體的系統轉化為價值的原理，而後落實到生活的層面上，以顯示出它所表現的高超的精神。

首先，我們應知道莊子的「道」，並非陳述事理的語言，乃是表達心靈境界的語言。由這語言的性質，我們可進一步地了解，他的「道」若從文學或美學的觀點去體認，則更能捕捉到它的真義。莊子說過，道是「有情有信」，「可傳而不可受，可得而不可見」的。「情」、「信」、「傳」、「得」乃屬感受之內的事，感受是一種情意的活動，而這情意的活動，為莊子提升到一種美的觀照的領域。

從某個角度看來，莊子的道並非玄之又玄而不可理解的。莊子雖然有形而上學的衝動，但遠比老子要淡漠，並且處處為現實世界留餘地。如果將「道」落實到真實世界時，它便是表現在生活上的一種高超技術，如「庖丁解牛」。庖丁動作乾脆利落，文惠君見了也不禁脫口讚嘆：「嘻！善哉！技蓋至此乎？」庖丁回答說：「臣之所好者道也，進乎技矣！」宰牛原是一件極費力而吃重的工作，常人做來不免咬牙切齒，聲色俱厲，可是技術已登峰造極，達到道的境界的庖丁，執刀在手卻神采奕然，每一動作莫不合乎音樂的節拍，看來如入畫中。

這樣神乎其技的事例很多，如〈達生〉篇中的一則云：

仲尼適楚，出於林中，見痀僂者承蜩，猶掇之也。仲尼曰：「子巧乎！有道邪？」曰：「我有道也。五六月累丸二而不墜，則失者錙銖；累三而不墜，則失者十一；累五而不墜，猶掇之也。吾處身也，若厥株拘；吾執臂也，若槁木之枝；雖天地之大，萬物之多，而唯蜩翼之知。吾不反不側，不以萬物易蜩之翼，何為而不得！」

孔子顧謂弟子曰：「用志不分，乃凝於神，其痀僂丈人之謂乎！」

在〈知北遊〉上，又出現同一性質的故事，云：

大馬之捶鉤者，年八十矣，而不失毫芒。大馬曰：「子巧與？有道與？」

曰：「臣有守也。臣之年二十而好捶鉤，於物無視也，非鉤無察也。是用之者，假不用者也，以長得其用，而況乎無不用者乎！物孰不資焉！」

上面這些故事，無非說明當技術臻於圓熟洗練的程度，內心達到聚精會神的境地時，就是莊子所說的「道」了。

由此可知，道非一蹴而就，亦非可以驟然肯定的，而是透過經驗或體驗的歷程所達到的一種境界。

道既非高不可攀，當然可由學而致。於是，莊子告訴我們，道是有方法可循的，得道的方法便是〈齊物論〉內所說的「隱機」、〈人間世〉所說的「心齋」和〈大宗師〉所說的「坐忘」。所謂「隱機」、「心齋」、「坐忘」等功夫，雖然說得玄妙了一些，常人不易體會，但是想來，也不外是著重內在心境的凝聚蓄養。

上面兩則神技的故事說明，一個技巧圓熟、精練的人，內心必然已達到「用志不分」的「凝神」境地，而且胸有成竹，悠然自在；表現在行動上，就顯得無比的優美，舉手投足之間，莫不構成一幅美妙的畫面。如此，要呈現莊子「道」的境界，便是藝術形象的表現了。

再從另一個角度來看，也可見出，莊子的「道」乃是對普遍萬物所呈現著的一種美的觀照。這在著名的「東郭子問道」上顯現出來。

東郭子問於莊子曰：「所謂道，惡乎在？」

莊子曰：「無所不在。」

東郭子曰：「期而後可？」

莊子曰：「在螻蟻。」

曰：「何其下邪？」

曰：「在稊稗。」

曰：「何其愈下邪？」

曰：「在瓦甓。」

曰：「何其愈甚邪？」

曰：「在屎溺。」

東郭子不應。（〈知北遊〉）

被人視為神聖無比的道，竟然充斥於屎溺之間，無怪乎東郭子氣得連半句話也不回。事實上，我們應了解，莊子乃是站在宇宙美的立場來觀看萬物——從動物、植物、礦物而至於廢物，即連常人視為多麼卑陋的東西，莊子卻都能予以美化而灌注以無限的生機。

由這裡，我們進一步發現，莊子的精神便是：道遍及萬物，不自我封閉，也不以人類自我為中心。這種遍及萬物的精神，正是高度的人「道」主義的表現，也是「同一」精神的發揮。

對待與同一

追求充分不羈的精神自由

莊子「同一」的觀念，乃是由「對待」的觀念所引發的。所以，在談同一的觀念以前，先介紹莊子有關對待的看法。

莊子發現世俗世界中，無論是非、大小、貧富、窮達等等觀念，都是在特定時空下的相對差別，這些相對的差別只有相對的價值。在〈齊物論〉中，莊子便有所說明。例如，他說是非完全是相對的：

世界上的事物，沒有不因對待而形成的，有「彼」就有「此」，有「此」就有「彼」。從「那方面」（彼）去看，就看不到「這方面」（此），反身自比，就能了解清楚。「彼」是出於「此」，「此」是出於「彼」，「彼」和「此」是相對而生的；任何東西有「起」就相對而有「滅」，有「滅」就相對而有「起」；有「可」就同時相對產生「不可」，有「不可」同時就相對產生「可」。於是，有因而認為是的，就有因而認為非的；有因而認為非的，就又有因而認為是的。

在〈秋水〉篇中，莊子更加詳盡地發揮了這觀點，認為貴賤、差別、功能、意趣……都不是絕對的，都是流變不已的。

> 從萬物本身來看，萬物都自以為貴而互相賤視；從流俗來看，貴賤都由外來而不在自己。從等差上來看，順著萬物大的一面而認

為它是大的，那就沒有一物不是大的了；順著萬物小的一面而認為它是小的，那就沒有一物不是小的了。明白了天地如同一粒小米的道理，明白了毫毛如同一座丘山的道理，就可以看出萬物等差的數量了。從功用上來看，順著萬物有的一面而認為它是有的，那就沒有一物不是有的了；順著萬物所沒有的一面而認為它是沒有的，那就沒有一物不是沒有的了；知道東方和西方的互相對立而不可以缺少任何一個方向，那麼就可以確定萬物的功用和分量了。從趣向看來，順著萬物對的一面而認為它是對的，那就沒有一物不是對的了；順著萬物錯的一面而認為它是錯的，那就沒有一物不是錯的了；知道了堯和桀的自以為是而互相菲薄，那麼就可以看出萬物的趣向和操守了。

從前堯和舜因禪讓而成為帝，燕王噲和燕相子之卻因禪讓而絕滅；商湯和周武因爭奪而成為王，白公勝卻因爭奪而滅絕。由這樣看來，爭奪和禪讓的體制，唐堯和夏桀的行為，哪一種可貴可賤是有時間性的，不可以視為固定不變的道理。

棟梁可以用來衝城，但不可以用來塞小洞，這是說器用的不同；騏驥驊騮等好馬，一天能跑一千里，但是捉老鼠還不如狸貓，這是說技術的不同；貓頭鷹在夜裡能捉跳蚤，明察秋毫，但是大白天瞪著眼睛看不見丘山，這是說性能的不同。常常有人說：「何不只取法對的而拋棄錯的，取法治理的而拋棄變亂的呢？」這是不明白天地的道理和萬物的實情的說法。就像只取法於天而不取法於地，取法於陰而不取法於陽，很明顯是行不通的。然而，人們還把這種話說個不停，那不是愚蠢便是故意瞎說了。

帝王的禪讓彼此不同，三代的繼承各有差別。不投合時代，違逆世俗的，就被稱為篡奪的人；投合時代，順應世俗的，就被稱為高義的人。

在莊子看來，現象界裡的東西都是隨著不同的時間、環境，以及主觀的認識而產生不同的價值判斷。

這種相對思想推衍到最後，就認為一切事物之間的分別是相對而非絕對的。於是，莊子由數量差別的觀念，進入萬有性質齊同的觀點，即所謂：「天地與我並生，萬物與我為一。」

這多少有點詭辯的成分，加上文學的想像力和藝術精神的點化，因而莊子產生了「同一」（identification）思想。這同一的思想隱含著幾個重要的意義：

（一）破除我執。為了打破唯我獨尊的態度，為了消除自私的成見，莊子提出「喪我」這名詞。「喪我」並不是要消失自我，而是要去掉個人的執著，並以同情的態度認識他人與他物。這意味著：一方面站在他人與他物的立場以照見自己的編狹；另一方面需自我覺悟與內省，再進一步去除自我的偏執，如是才能「道通為『一』，莫若以『明』」。「明」為無所偏執去觀察，「一」即圓融和諧的境界。

（二）以無所偏的心境與同情的態度來觀看事物，才不至於偏私固蔽而以自我為中心。

人睡在潮濕的地方，就會患腰痛或半身不遂，泥鰍也會這樣嗎？人爬上高樹就會驚懼不安，猿猴也會這樣嗎？這三種動物到底誰的生活習慣才合標準呢？人吃肉類，麋鹿吃草，蜈蚣喜歡吃小蛇，貓頭鷹和烏鴉卻喜歡吃老鼠，這四種動物，到底誰的口味才合標準呢？

猵狙和雌猴作配偶，麋和鹿交合，泥鰍和魚相交。毛嬙和麗姬是世人認為最美的；但是，魚見了就要深深地鑽進水底，鳥見了就要飛入高空，麋鹿見了就要奔走不顧；對這四種動物來說，究竟哪一種美色才算最高標準呢？

（〈齊物論〉）

不同類雖然不能相比較，可是這裡卻表明了莊子的「民胞物與」精神。儒家雖亦有這種心懷，然其著眼點仍以人事為主，不如莊子之開豁，能放眼於更廣大的世界。「天無私覆，地無私載」（〈大宗師〉），在天地之間，也顯示眾生平等。

（三）人間世的價值，俱在對待的關係之中，莊子則超越了人間世的對待，而不受其束縛，且將對待關係的封閉系統轉化為無窮開放系統。這便是莊子的特殊精神。惠子的「泛愛萬物，天地一體也」、「其大無外謂之大一，其小無內謂之小一」之說，和莊子的說法相契；然而，惠子著重數量觀點，而莊子則就萬有性質觀點以成就其無窮系統。

（四）莊子的「同一」世界，實為藝術精神所籠罩。莊子透過藝術的心靈，將自我的情意投射於外在世界，以與外物相互交感，產生和諧的同情。

由於同情和諧的心境，所以，自我生命以破藩決籬之勢投射出去時，雖籠罩萬物其他生命，然而此精神並不為天下宰，而是予天下萬物以充分不羈的精神自由。

終結篇

莊子思想的評價

在一個動蕩喧囂的環境中，莊子的思想映射出一片寧靜的光輝。

在那亂哄哄的時代裡，人民都處於倒懸狀態，莊子極欲解除人心的困憊，可是，現實的無望卻使他無法實現心願。由於他既無法使人類在現實世界中安頓自我，又不願像神學家們在逃遁的精神情狀中求自我麻醉。在這種情形下，唯一的路，便是回歸於內在的生活——向內在的人格世界開拓出新境界。莊子所拓展的內在人格世界，乃藝術性及非道德性的（「人格」一詞不含倫理判斷或道德價值）。因而，在他的世界中，沒有禁忌，沒有禁地；他揚棄一切傳統的形式化，遺棄一切信仰的執迷。

在現實生活中，無一不是互相牽制、互相攪擾的，莊子則試圖化除現實生活上種種牽制攪擾，以求獲得身心的極大自由。化除的方法之一，即是要虛靜其心——通過高度的反省過程，達到心靈虛靜，能掌握自身的變化，並洞悉外在的變動，而不拘執於某一特殊的機遇或固定的目的，因為外在世界是「無動而不變，無時而不移」的，同時人類本身也受情意的驅使而在萬物變化之流中奔走追逐，不能中止，直至形體耗損殆盡，仍屬空無所持，這真是人生莫大的悲哀。

面對這樣可悲的現象，莊子乃轉而對內作一番自覺的工作。在自覺過程中，莊子了悟感覺世界的幻滅無常，於是認定，馳心於外物對於人類的精神實是莫大的困擾；由是導出莊子哲學之輕視物欲的奔逐，而傾向精神的自由，並求個人心靈的安寧。

莊子對於現象界有深刻尖銳的洞察力。他是個絕頂聰明的人，把一切都看得太透徹了。如茫茫人海，各人也渾渾噩噩像烏龜似的爬來爬去，忙忙碌碌像耗子似的東奔西竄，然而，每個人都不知道自己忙了些什麼，為得著什麼。一旦省悟時，便會覺得自己所作所為是如此的莫名其妙……看開了，一切都不過如此罷了，於是你就會不屑於任何事物，任何行動。然而，這樣的社群會產生怎樣的結果呢？如果每個人都像莊子筆下的南郭子綦「隱機而坐」，進入到「荅焉似喪其耦」的境況，那麼，個人和社會豈不近於靜止？因而，莊子哲學如何處理及適應這情況，便成為一個嚴重的問題了，尤其是今日的世界——已被納入了一個龐大的動力系統中，緩步或停足都有被拋棄的危險。

然而，我們必須了解，莊子絕不是不食人間煙火的行道者，也非逃離現實生命的烏托邦理想人。他的見解是基於人類無止境的饜欲與物化的傾向所引發出來的；同時，他鑑於個人的獨存性已消失與被吞噬，遂於洞察人類的處境中安排自我的適性生活。沒有這種感受的人，自然無法體會莊子。因而，莊子哲學對於讀者來說，能感受多少，他的可接受性就有多少；他的看法是無法得到大眾一致公認的，同樣的一句話，有人會視如智慧之言，有人會以為是無稽之談。事實上，莊子的哲學不是寫給群眾看的，莊子的話語也不是說給群眾聽的，他的聲音有如來自高山空谷。

讀莊子書確有登泰山而小天下的感覺。在他眼底裡，凡夫俗子就如一窩吱吱喳喳、跳跳躍躍的小麻雀，官僚是一群豬玀，文人學士則有如爭吵不休的猴子。看他書中大鵬小鳥的比喻、河伯海若的對話，以及井底蝦蟆的設喻，你會覺得他簡直是千古一傲人，在人類歷史的時空中，孤鴻遠影，「獨與天地精神往來」。

從莊子哲學的恢宏氣象看來，他也確是「前無古人，後無來者」的。他的思想角度，從不拘限於枝枝節節，秋毫之末；但他並不抹殺精細的分析，否則就犯了〈秋水〉篇中所說的「自大視細者不明」的毛病。他往往從整體處觀察事理，從各個角度作面面俱到的透視。

從莊子哲學的語境來說，恢宏的氣象乃表現於不以人類為中心（不拘限於人類），不以自我為中心（不拘限於自我），而能推及於廣大的自然界。莊子思想的最高境界是「天地與我並生，萬物與我為一」，一方面表現出民胞物與的胸懷，另一方面又呈現著藝術精神的和諧觀照。很顯然，莊子取消了天地萬物和我——客觀和主體——的對立關係。這種主客一體的宇宙觀，實為中國哲學的一大特點，和西方哲學主客對立的宇宙觀迴然不同。莊子不僅要打破主客對峙的局面，進而達到二而合一的境界，還要進一步達致物我（主客）兩忘的境界。在這裡，莊子充分表現出大藝術家的精神。

主客合一的宇宙觀，只是對自然做某種程度的觀賞，而缺乏開發自然界的精神。中國在科學知識與科學技術方面的貧乏，固然受到這種宇宙觀的重大影響；正如中華民族在文學藝術上的輝煌成就，也受到這種宇宙觀的重大影響。

現在把上述兩種宇宙觀，縮限於人和自然及其關係上來討論。我們先剖解主客對立的宇宙觀，藉此可反襯出另一觀念之特點。

在西方，人在開拓自然的過程中，已有驚人的成就，這是值得驕傲的，也無須贅言。然而，若從另一個觀點來看人和自然的關係，西方則呈現著深沉的危險，尤其是人如何在自然界中安排其地位的問題上。

西方傳統哲學大抵為二元的傾向——物我完全對立，自然與人事對峙，亦即劃分客體與主體。然而，由於西洋哲學重視客體，往往習慣將人類客體化，結果常使人埋藏於物界而喪失其自然的地位（如希臘宇宙論時期哲學）；同時，也有人汲汲於求永恆客觀的存在，把自然界看成一個變動流逝的感覺界而加以鄙棄（如柏拉圖）；中世紀則更視自然人為罪人，自然界為罪惡之區，而將價值停滯於高遠縹緲處。

及於近代，西方經驗科學的長足發展產生如下的特殊現象：一、把人類壓縮成物理平面（如物質科學）；二、把人類列入「動物級數」（如達爾文），或從「鼠」輩的試驗解剖中來衡量人類的行為（如行爲派心理學）；三、天文學家將亞里斯多德至中世紀的有限宇宙開展而為無窮宇宙，使人面臨這無窮的新世界，有如滄海一粟，渺小的人類固然可藉知性作用在宇宙中安排自處，但人類的苦悶不安，則於其畏怯與自大的交織下表露無遺。

蓋以有限的自我處於無窮的宇宙中，終究不能掩飾其飄搖無定的悲哀，對外則不知何以自處於宇宙中，對內則淪於自我迷失之境況。心理學家告訴人們，人的意識生命是隱藏著的潛意識衝動表現。自我常會顯得分裂不統一，人對自身是個謎，並且發現自己沒有最後的依靠。他被描述為「疏離的人」，或處於疏離的狀態。這種狀態，使人成為陌生人——對自己感到陌生，對宇宙也感到陌生，陌生的自我無法在陌生的宇宙中尋覓其存在的根由。

總之，西方哲學的宇宙觀始終是在一種不協調或割離的情狀中影響於人生觀。同時，傳統西洋哲學家幾乎都在全心全意建造大體系，把所有個體融入抽象的全體之中，因而個體的特殊性便被抽象的全體消解和吞噬。反觀莊子，他一方面肯定大自然的完美性，不如西方哲學總想逃離這一自然界，而構幻另一虛無縹緲的超自然；同時，莊子也肯定人類的尊嚴性，而西方哲學卻以人性為微末。在莊子看來，廣大的自然皆為生命遊行的境域，人類處於自然中，其渺小程度雖如「毫末之在於馬體」（〈秋水〉），然其思想光芒則可流布於蒼穹。

二十世紀的科學知識，將使人類愈為抽離；二十世紀的科學技術，將使人類更為機械化。它們忽略了人的內在生命。在今日急速的動力生活中，人心惶然不安，精神病患者日增，可以為證。

對於這瘋狂的時代，莊子哲學也許有一份清醒的作用，作為調整人心的清涼劑。

第二部分

莊子思想散步

談「莊周夢蝶」和「濠上觀魚」的審美意蘊

中國文化不論儒、道、墨、法，都有一個共同點，就是講人群的「和諧」；而各家思想中，當我們遭遇到現實的人生困境時，莊子思想尤其可以提供有力的精神撐持。莊子經常喜歡用寓言故事訴說人生哲理，使讀者自去思考，自去體會道理。故以下主要藉由《莊子》書中的一些寓言故事，提出莊子對於人如何從困境中脫困，並將問題的根源歸結到人心的討論所給予我們的啟發，來說明：莊子在所處的世亂中，他通過「遊心於無窮」的逍遙之境，以使人們的精神境界達到無限性的開展；他復藉由多邊思考的不同視角，以使人們的心靈從封閉而提升到「以明」、「靈府」的開放心境；他更藉由彰顯心靈的審美意蘊，以反映人類主體意識的覺醒和生命等時代人文思潮。所以，在莊子所提出的諸多思考中，「相尊相蘊」的齊物精神和多邊思考的廣大格局，就是根基於開放的心靈與審美的心胸。唯有開放的心靈，才能照見多彩的世界；也唯有審美的胸懷，才能化育出充滿和諧之美的有情天地。

「遊心於無窮」的逍遙之境

如果我們說，老子的學說是貴「柔」（《呂氏春秋．不二篇》如是說），孔子的學說是貴「仁」，那麼，莊子學說非要用一個字來表達，最適合的那個字該是什麼？我認為莊子的學說是貴「遊」，就是「逍遙遊」的「遊」。假如說孔子的學說，用兩個字來講，除了「仁」之外，另一個字是什麼？就是「禮」。「仁」與「禮」是孔子學說中的兩大重要支柱，如鳥之雙翼、車之二輪。「禮制」，包括宗法制、分封制、世襲制，這些制度立基於「尊尊親親」的精神。而老子的學說假若要用兩個字來代表，那就是「無為」；至於莊子的學說如果用兩個字來概括，我認為應該是「遊心」也就是心在「遊」。

在進入主題之前，我們對內篇要做一個考察。我有一位已經過世的同學曾經寫過一篇文章，內容主要研究《莊子》內篇的中心思想；他是專門研究康德思想的，他認為內篇的中心思想是「歸於零」，我看不懂這篇康德式的論文。那麼，《莊子》內七篇的中心思想到底為何？我以為其中最重要的核心，在於「遊心」的「心」字。這話怎麼說呢？——古人認為生命有兩個重要的部分，一為「形」，一為「心」。〈逍遙遊〉所說的不是「形」在逍遙，而是「心」在逍遙。雖然〈逍遙遊〉文中只出現過一次「心」，即莊子跟惠子對話的「蓬之心」。莊子說惠子像被蓬草堵塞住了、固執不通的心，也就是現代人說的「茅塞不通」；而講到「逍遙」，莊子提及宋榮子和列子御風而行，並說「至人無己，神人無功，聖人無名」，說明用功、名所包裝的自我，都是外在所給予的；「無己」的那個「己」，是用很多外在包裝、裝飾出來的那個我。所以，「至人無己」的境界究竟如何？即能「遊心於無窮」、「御六氣之辯」。心能遊於無窮，即指心能在更寬廣的天地間遨遊，此一觀念將在「鯤鵬展翅」的故事中提到。

再說到〈齊物論〉之「眾竅為虛」的形象化描寫。莊子提到心靈要開闊，不要有成見；有成見就是有「成心」，百家爭鳴就是「大知閑閑，小知間間」。[1]至於談到大言、小言，以現代媒體為例，我們打開電視，在那些談話節目中被叫做名嘴的，幾乎每一個人都可以把黑的說成白的，白的又說成黑的。其實，在他們說話之前，我們就已經知道他們要說什麼了，因為他們是先已經有了固定的成心，然後再說成這個樣子的。所以，〈齊物論〉一開頭先講「成心」，再講一個封閉的心靈如何提升到「以明」的開放心境，所以，

1.〈齊物論〉：「大知閑閑，小知間間；大言炎炎，小言詹詹。」

開放的心靈「莫若以明」，[2]並且形象化地描述「十日並出」譬喻開闊的心胸。

再看〈養生主〉，主旨在談「神」，古人認為心有兩個很重要的作用：一是神，一是思。所謂「心者，思之官也」，是能思維、思想的官能；思想功能之外，心還發出精神的作用。莊子特別喜歡用「神」來描述心所發揮的作用，〈養生主〉就是講心神的作用。「庖丁解牛」中「以神遇，而不以目視，官知止而神欲行」，就是講心神運作的神奇功能。

接著談〈人間世〉，莊子藉由顯著於人世間的諸多矛盾、衝突，譬如知識分子和統治者之間的關係，莊子代表的是「士」階層，而知識分子和統治者之間的許多矛盾，經常從一種內部矛盾轉化而成為敵我矛盾的意識；所以，雖然一些知識分子曾經積極而熱情地諫言，但莊子最後歸結到統治者是無法被感化的。莊子身處在一個亂世，且一生中經歷過昏庸無能和暴虐無道的兄弟兩個統治者，所以〈人間世〉中批評衛君，殺人滿溝壑，伴君如伴虎；因此，〈人間世〉中，所有的諫言，莊子都藉著寓言中的孔子而把它一一駁掉，〈人間世〉還是回到說治身與治國的問題！老子是治國，比較偏重治道，[3] 強調「知雄守雌」；至於莊子，則強調治身，他將治道的「無為」轉化成為安然適意的生活情境，治身最重要的是治心，所以莊子說「心齋」。〈德充

2.〈齊物論〉：「道惡乎隱而有真偽？言惡乎隱而有是非？……道隱於小成，言隱於榮華。故有儒墨之是非，以是其所非而非其所是。欲是其所非而非其所是，則莫若以明。」又曰：「彼亦一是非，此亦一是非，果且有彼是乎哉？果且無彼是乎哉？彼是莫得其偶，謂之道樞。樞始得其環中，以應無窮。是亦一無窮，非亦一無窮也。故曰：莫若以明。」「是故滑疑之耀，聖人之所鄙也。為是不用而寓諸庸，此之謂『以明』。」莊子舉儒墨之互相是非，以說明世人各據其所見以求勝；唯墨者所是，儒者則非焉，故有對待之形者，其是非兩立，則其所持之是非非是非也。因此，無心者與物相冥而無對於天下，是為能得道之要也，也即「道樞」，故使群異各安其所安，眾人皆不失其所是，則已不用於物而萬物之用用矣！物皆自用，則孰是孰非哉！則用雖萬殊，歷然自明。

3. 此主要就老子的政治哲學以及「稷下道家」一系而言。

符〉也和「心」有關，在〈德充符〉中，莊子經常通過描寫肢體殘缺，如因刑求而斷一個臂、缺一條腿的，來說明處亂世中要藉由心之逍遙、精神層面之超越，來達到「安所困苦」的逍遙。所以，莊子也曾說狸狌「東西跳梁，不避高下，中於機辟，死於罔罟」。[4]然後，〈德充符〉又講到一個人不要太重視外在，生命的內涵很重要。〈德充符〉講內德要充實，要重視一個內在的人格世界，不要重視外相外表。所以，〈德充符〉講「靈府」，[5]心靈虛通才能發揮靈妙的作用——「使之和豫通而不失於兌，使日夜無隙而與物為春」。就是說，使心神和順安樂，舒暢而不失怡悅之情；使心靈日夜不間斷地保持天真本性。所謂「與物為春」，就是指自己與人相處保持著春和之氣。「與物為春」的心境正是審美心胸的流露，使心靜能如春天般地生意盎然。接著說〈大宗師〉，篇旨講大化流行，講人如何能夠安於所化。而人之觀化、參化、順化、安化，都與心境有關；再最後〈應帝王〉則說至人「用心若鏡」，[6]人的心要能像鏡子一樣，才能夠如實地反映外在事物的狀態。禪宗所謂「心如明鏡台」就是從莊子這裡汲取來的，可見「心」是整個內篇的核心概念。而重視「心」正是重視生命的體現。

4.〈逍遙遊〉：「子獨不見狸狌乎？卑身而伏，以候敖者；東西跳梁，不避高下；中於機辟，死於罔罟。今夫斄牛，其大若垂天之雲，此能為大矣，而不能執鼠。今子有大樹，患其無用，何不樹之於無何有之鄉、廣莫之野？彷徨乎無為其側，逍遙乎寢臥其下；不夭斤斧，物無害者。無所可用，安所困苦哉？」

5.〈德充符〉：「死生存亡、窮達貧富、賢與不肖、毀譽、飢渴、寒暑，是事之變，命之行也。日夜相代乎前，而知不能規乎其始者也。故不足以滑和，不可入於靈府。使之和豫通而不失於兌，便日夜無隙而與物為春，是接而生時於心者也。」

6.〈應帝王〉：「至人之用心若鏡，不將不迎，應而不藏，故能勝物而不傷。」

「積厚」與「化」

現在我從莊子〈逍遙遊〉開篇第一個「鯤鵬展翅」的寓言說起：

北冥有魚，其名為鯤。鯤之大，不知其幾千里也。化而為鳥，其名為鵬。鵬之背，不知其幾千里也；怒而飛，其翼若垂天之雲。是鳥也，海運則將徙於南冥。南冥者，天池也。

莊子藉著變形的鯤鵬以突破一個物質形象的羈鎖。我們所生活的世界，就是一個物質形象的世界，我們常被物質形象所困住、羈鎖。莊子藉變形的鯤鵬來突破物質形象的羈絡，展示著這個宇宙是無限無窮的，讓我們打開一個寬廣的天地。我有一個在芝加哥大學研究物理學的朋友，他要講一個題目叫做〈無限無窮之謎〉，他從科學的角度對莊子有興趣，他問我莊子是不是講「無窮」。我說是。在中國思想史上，第一個認識到個體的有限性及時空的無窮無限性的就是莊子，莊子打開了一個可以窺看天地宇宙無限性的視窗，我們看鵬鳥飛上去的時候，那「天之蒼蒼，其正色邪？其遠而無所至極邪？其視下也，亦若是則已矣！」就這樣看上去，天是沒有盡頭的，往下看下來也一樣無窮盡的，所以他藉變形的鯤鵬拉開了一個我們生存的空間，我們是在一個無限性的宇宙裡面。我們的精神能夠在無限的時空中自由地馳騁。

「鯤」跟「鵬」代表著什麼？象徵著什麼？——尼采曾在他的代表作《查拉圖斯特拉如是說》中講到人的有精神經歷三變：最早是「駱駝」的精神，忍辱負重，奔向荒漠，一切不合理的文化、習俗、價值，都必須去承受；但是在荒漠裡人慢慢地轉化成了「獅子」，開始向不合理的傳統和現實說「不」

了；不過，獅子的精神主要是破壞，這還不夠，所以還要第三次轉化要成為「嬰兒」。因此，人生的歷程要由駱駝轉化為獅子，又要由獅子轉化成為嬰兒般。如果我們也借用尼采的「精神三變」來看鯤鵬寓言，那便是要先如「鯤」一般地在海底裡深蓄厚養，然後再轉化成「鵬」，其轉變的歷程往往是由「量化」再到「質化」。所以，莊子說大鵬之逍遙，其摶扶搖而上者九萬里，如果「風之積也不厚，則其負大翼也無力」，「水之積也不厚，則其負大舟也無力」。積厚之功非常重要，我們為學的過程也是一點一滴在累積，用老子的話說就是「九層之台，起於累土；千里之行，始於足下」，一步一步、一層一層地累積。所以，鯤代表在大海中的深蓄厚養，然後才能轉化為鵬；鵬的高層次代表的就是內心，當心靈經過沉靜沉寂後，然後轉化成為高層次的心靈。也譬如人生，鵬程萬里如果沒有經過十年寒窗的一點一滴，就不可能轉化成大的藝術家、大作家；所以，人生在莊子「鯤鵬寓言」中有兩個歷程：先要作鯤，深蓄厚養；有了積厚之功，然後才能夠化作大鵬起飛！所以，從「鯤鵬寓言」還可以帶出第三個思考，就是環境很重要，包括主觀的努力。如果沒有北海之大，就不能夠蓄養這個巨鯤，沒有廣闊的天空，就不能使鵬逆風飛萬里，所謂「海闊憑魚躍，天空任鳥飛」。如果是在文化沙漠裡，就培養不出來鯤、鵬，所以，環境是很重要的；但是，人也要主觀地去創造，「風之積也不厚，則其負大翼也無力」，要有積厚之功，要待風，能夠掌握時機。所以，人生的歷程要由鯤而鵬，先經過潛龍勿用，然後飛龍在天。

「觀點主義」與開放心靈、多邊思考

鯤鵬寓言，除了拓展我們的精神空間——「積厚致遠」的境界——以外，還表現了莊子世界中非常重要的「視域」，即拓展我們的思想——培養我們具有一種開放心靈與多邊思考的理念。譬如，在地面上看東西是一種視覺，而在地面以下的海底裡是另一種視覺，當飛到高空則又是另一種視野，所以，蘇東坡詩云：「橫看成嶺側成峰，遠近高低各不同。不識廬山真面目，只緣身在此山中。」橫的看，側的看，一排嶺一個孤峰，高的看，遠的看，近的看，都不一樣，這個英文叫做 perspectivism，「觀點主義」，大陸翻譯成「視角主義」，就是說從不同的角度看問題，都得到不同的觀點。北大王博教授寫了一本《莊子哲學》，他也說，關於鯤鵬，莊子所提供的不是知識，而是眼界、心胸。所以，從鯤鵬寓言又可以引出一個哲學上非常重要的「觀點主義」或「視角主義」。當站在惠子角度時，他說葫蘆太大了沒有用，不能用來做舀水的水瓢，莊子卻說你為什麼不當個腰舟呢。不同的東西，不同的用法。海德格（Heidegger）很欣賞莊子這點。然而，現在的時代講求實用，譬如讀文學的，被質疑能賺多少錢；讀哲學的，也總被質疑能做什麼呢。的確，當從實用主義出發時，不知道文學、哲學能做什麼，所以角度不同，觀點便不同。

那麼，「觀點主義」能帶給我們怎樣的視野呢？莊子有很多地方是從經驗上看觀點主義，或者是辯證地看觀點主義；而觀點主義可以打破我們的自我中心陷溺。很多事情並不是只有一個觀點，不同的角度就會得出不同的看法、不同的答案。所以，莊子〈德充符〉說：「自其異者視之，肝膽楚越，自其同者視之，萬物皆一也。」鵬的高飛，是一個不同的視野，所以才能看到所有的整體、一個整全。也因此，鯤鵬的寓言，我們可以多角度地解釋它。借用羅素曾經講過的一句話說，我們人身體要食物，心靈也要食物，哲學就是心靈的食物，哲學往往從一個突破習俗、習慣的觀念束縛出發，而並非從自我出發，把自我的邊界給擴大了；所以，莊子那種所謂無限性的觀點可以擴大人們的思想視野，從自我然後看到外在世界，看到宇宙，就是從這樣廣闊的非我，延伸那種認識自我的意識。所以，不論是〈逍遙遊〉或整部《莊子》，常常勸導我們不要局限在現實的生存世界，而要用更寬廣的視野來看問題、思考問題。逍遙遊就是要學習鵬的眼界、心胸，然後遊於無窮。

「相尊相蘊」的齊物精神

再說到〈齊物論〉。到底什麼叫「齊物」精神？莊子曰：「物固有所然，物固有所可，無物不然，無物不可。」每一個人都有他所「然」，也就是他所以為「是」的一面，「可」就是價值判斷，他所值得肯定的一面，沒有一個人沒有他的長處，沒有他的意義或價值。所以，莊子接著又說「厲與西施，恢詭譎怪，道通為一」。雖然每一個物體都是千差萬別的，但是，在一個整體裡面都是可以會通的。我在北大時，湯一介教授成立了中國文化書院，十周年時，李銳先生畫一幅畫，題曰「奇峰異石相感通」。奇峰異石好比形容每一個導師、每一個教授、學者，儘管大家觀點各有不同，但是都可以相互感通，這就是莊子所講「道通為一」。〈齊物論〉中還另有一句話說：「唯達者知通為一，為是不用而寓諸庸。」「庸」就是用，「寓諸庸」就是在道的整全視角的觀照下，人能了解到每一個體都能發揮各自的功能，因此，不必固執於自己的成見而寄用於群材，也即寄寓在各人各物的功用上。所以，一方面是從個體的殊相來看，是「恢詭譎怪」的；但若從整全來看，則物物又都可以各自發揮它的特殊性及作用。這是說個體與群體的關係、殊相與共相的關係。莊子認為，殊相都可以在共相裡面獲得會通，就是一種「相尊相蘊」的相互尊重與相互蘊含精神，這就是「齊物」精神。

說到這裡，我想起「魯侯養鳥」的故事。《莊子・至樂》說：「昔者海鳥止於魯郊，魯侯御而觴之於廟，奏九韶以為樂，具太牢以為膳。鳥乃眩視憂悲，不敢食一臠，不敢飲一杯，三日而死。此以己養養鳥也，非以鳥養養鳥也。」故事說，魯國城郊有一天棲息了一隻很奇特的鳥，魯侯將這隻鳥迎接到太廟裡供著，視鳥如貴賓。每天都有各式各樣的珍饈百味供鳥品嘗，樂師也為專為此鳥演奏。可是，這隻鳥卻被這些豪華排場嚇到不敢飲食，過了三天，就死了。魯侯以為他款待海鳥十分周到，沒想到卻因此害死了這隻鳥。所以，莊子說：「此以己養養鳥也，非以鳥養養鳥也。」人往往用一己的意識形態，勉強他人削足適履地必須接受，尤其知識分子常常容易以自我為中心替他人設想，就像魯侯用自己的方法養鳥，最後卻造成了鳥的死亡。所以，儒家所說的「推己及人」，在分寸拿捏上也需要格外小心。例如，美國總統布希對中東就採取了推己及人的政策，但造成了中東人民的恐懼與死亡。渾沌之死亦是如此：「南海之帝為儵，北海之帝為忽，中央之帝為渾沌。儵與忽時相與遇於渾沌之地，渾沌待之甚善。儵與忽謀報渾沌之德，曰：『人皆有七竅以視聽食息，此獨無有，嘗試鑿之。』日鑿一竅，七日而渾沌死。」儵與忽為了報答渾沌，一天為渾沌鑿一竅，結果渾沌七天就死了。這些故事就是告訴我們，不要囿於自我中心，即使出於好意，也要避免犯下魯侯養鳥的錯誤。

以下再說到〈齊物論〉中齧缺問乎王倪的寓言：

齧缺問乎王倪曰：「子知物之所同是乎？」曰：「吾惡乎知之！」「子知子之所不知邪？」曰：「吾惡乎知之！」「然則物無知邪？」曰：「吾惡乎知之！」雖然，嘗試言之。庸詎知吾所謂知之非不知邪？庸詎知吾所謂不知之非知邪？

在這個著名的「一問三不知」寓言中，齧缺問王倪：「你知道萬物有無共同的標準？」王倪說：「我怎麼會知道呢？」「你知道你所不知道的事物嗎？」王倪說：「我又哪裡會知道呢？」「既然如此，那麼，萬物都沒有被認識的可能嗎？」王倪說：「我怎麼會知道呢？」不過，儘管如此，我還是試著說說看，因為怎麼知道我所說的知不是一無所知？又怎麼知道我所說的不知不是知呢？所以，他接著說：

民溼寢則腰疾偏死，鰌然乎哉？木處則惴慄恂懼，猿猴然乎哉？三者孰知正處？民食芻豢，麋鹿食薦，蝍蛆甘帶，鴟鴉嗜鼠，四者孰知正味？猿猵狙以為雌，麋與鹿交，鰌與魚游。毛嬙、麗姬，人之所美也；魚見之深入，鳥見之高飛，麋鹿見之決驟，四者孰知天下之正色哉？

莊子論說道理，總是採取正、反兩面的方式。他一方面從正面倡導「物固有所然，物固有所可」，人與人之間「相尊相蘊」的齊物精神；另一方面指出個人自我中心、學派自我中心，以至於人類自我中心。「孰知正處」、「孰知正味」、「孰知正色」，正是喚醒人們不要囿於人類自我中心。

接著說到罔兩問影：「罔兩問景曰：『曩子行，今子止；曩子坐，今子起；何其無特操與？』景曰：『吾有待而然者邪？吾所待又有待而然者邪？吾待蛇蚹蜩翼邪？惡識所以然！惡識所以不然！』」我不太同意郭象「天機自爾」的解釋，說其自己如此，物各自造而無所待焉。[7] 或許，我也不能確定地說這個故事究竟什麼意思，但它應該不是說有待、無待。莊子一個很重要的觀點，說每一個個體都是相互聯繫，相互蘊含的。所以，我在這裡舉一位西方的人類學家所講的印地安人宇宙觀：「印地安人是以一種參與的意識來掌握自然現象，宇宙被看成生命力量關係的反映，而生命的每一個方面都是彼此交叉的宇宙系統的一部分。」而這個整全、整體的觀念就和莊子一樣，整個宇宙就是一個有機的整體，是相互聯繫的。所以，影子和形也是相互聯繫而相感通的，每一個動作也都會牽連到別的。

7. 世或謂罔兩待景，景待形，形待造物者；郭象則認為物皆「獨化」、「自爾」也，因為「造物者有耶？無耶？無也，則胡能造物哉？有也，則不足以物眾形。故明眾形之自物而後始可與言造物耳！是以涉有物之域，雖復罔兩，未有不獨化於玄冥者也。故造物者無主，而物各自造，物各自造而無所待焉，此天地之正也。故彼我相因，形景俱生，雖復玄合，而非待也」。

「莊周夢蝶」、「濠上觀魚」所蘊涵的審美意蘊

最後要談的是「莊周夢蝶」和「濠上觀魚」兩則寓言。莊周夢到蝴蝶，當他是蝴蝶的時候，「栩栩然胡蝶也，自喻適志與！」他是非常生動活潑、栩栩然而適其心意的；當我們來到世間變化成蝴蝶，這個就叫做「物化」，所謂物化就是指萬物一直在流轉，所以我們變化成蝴蝶就安於蝴蝶，「自喻適志」。其實，〈大宗師〉中也有這樣的概念，不論化成什麼，我們就安於什麼，宇宙是大化流行的一個歷程。故此，〈齊物論〉最後的一個故事「莊周夢蝶」就是說大化流行的歷程裡面任何事情、任何動物都會不斷變化。但是，我們要能「安」，化成什麼，就安於什麼。

再說「濠上觀魚」。莊子跟惠子在濠水看魚，悠悠哉哉，出游從容。莊

子說：「這個魚很快樂。」惠子說：「你不是魚，你怎麼知道？」莊子說：「你不是我，你怎麼知道我不知道。」

莊子與惠子遊於濠梁之上。莊子曰：「儵魚出游從容，是魚之樂也。」惠子曰：「子非魚，安知魚之樂？」莊子曰：「子非我，安知我不知魚之樂？」惠子曰：「我非子，固不知子矣；子固非魚也，子之不知魚之樂，全矣！」莊子曰：「請循其本。子曰『汝安知魚樂』云者，既已知吾知之而問我。我知之濠上也。」

文中惠子和莊子遊於濠梁之上，此一「遊」字用得非常好。在哲學家中，老、莊經常被相提並論，然而老子和莊子的最大不同在於，老子不講「遊」，莊子則很喜歡講「遊」。「遊於濠梁之上」之「遊」就代表一種心境，而且不僅只是一種舒鬆、自由、自在的心境，「遊」更是一種「審美」的心胸，「遊」不僅僅只是精神自由的表現，更是一種藝術人格的流露。因此，「遊於濠梁之上」是「濠梁」的美景和「遊」的心境之融合為一。舉例來說，電影中的男女戀人在花園裡相會，男的說「你看這花好美」，女的說「是因為有我們在一塊兒，才美」。當單個兒去看這花時覺得沒什麼，可是和所愛的人一起看花時，那回味真美！所以，同樣的景，還要有那個心；濠梁是景境，遊是心境，才能即景生情。因此，當莊子說「出游從容，是魚之樂也」的時候，表示他已經產生主體移情的作用了；莊子總是能在人與人之間、人與物之間，寄情託意地讓主體觸景生情。因此，莊子和惠子不同的地方就是，莊子把外物人情化或說人性化，宇宙人情與惠子是非常不同的。兩人一個是邏輯家、科學家，一個是詩人、文學家。莊子把宇宙人情化、外物人性化，由移情作用而產生出來的一種美感經驗。

而「濠上觀魚」的故事中，惠子也提到了一個非常重要的哲學問題：「子非魚，焉知魚之樂？」即「主體如何認識客體」的問題。主客關係是西方哲學的重大議題，也是中國哲學中所謂的「天人關係」問題。天和人，一個 object，一個 subject，就是主體跟客體的關係。西方哲學常常將主客關係割裂；中國哲學則認為人就在這個天地裡面，天地是我們的母體，所以，主客就是天人，也就是自然和我們的關係。兩者的出發與觀點很不相同。所以，從上述惠子所提到的哲學討論上關於主體如何認識客體的議題中可以看出，惠子是從理智的角度出發，而莊子則是從感性的角度出發；理智著重在分析，感性則著重在同通，一個重視理，一個重視情。而在這裡，莊子提出了「請循其本」，人的心性情是可以相通的，特別是情。所以，莊子不從理智上分析人如何得知魚樂，關於「如何知魚樂」之「主體如何認識客體」的問題，並不是莊子所關懷；他是直接地以自己的情去感通魚樂之情，所以，他可以體會到魚之樂。他們兩人的出發點與著重點都很不同。

詩人做哲學的有兩種：一種是文學性的哲學，一種是科學性的哲學，即一種是概念哲學，一種是想像哲學。所以，莊子說「請循其本」，心還是很重要的，我們的心、我們的情，可以給世界以生命化。北大哲學系葉朗教授曾有一本《胸中之竹》。他是一位美學家，有一個外國記者訪問他，中國的美學，美是不是最重要的概念？他說不是，意象才是最重要的概念。鄭板橋曾說：「眼中之竹，非胸中之竹也。」說魚悠悠哉哉，就代表了觀者的心情是自由自在的；所以，莊子的心是一開放的心胸、一美感的心胸。而講到心，老子和孔子對心講得很少，但到了莊子和孟子，就開始大談「心」了。為什麼？——大談心，就是對心的重視，對生命的重視；因為到了兩百年後的戰國中期，不斷的戰爭造成對時人的心靈與生命的極大傷害，所以，重視心，就表示對生命的關懷，是一種主體的覺醒，也和魏晉時代一樣，這是當時各家都關懷的一種人文思潮。

文學闡發情，哲學則壓抑情。尼采嘗有一段話：「從前你有許多熱情，而你稱它們為惡。但是，現在你只有你的道德，它們是熱情裡誕生的。」現在你只有你自己的道德，它們呢，生在你的熱誠，這個熱誠也是有負面的，跟欲望一樣，這也就是孔孟老莊都很警惕貪婪的道理。所以，尼采說：「你曾經在這些熱情的心中樹立遠大的目標，如今這些熱情變成你的道德與歡怡之情。」尼采歌頌熱情，全文即以尼采的一首詩作為結束：

我的熱愛奔騰如洪流——
流向日起和日落處；
從寧靜的群山和痛苦的風暴中，
我的靈魂傾注於溪谷。

我的心中有一個湖，
一個隱密而自足的湖，
但是我的愛之激流傾瀉而下——注入大海
你得用熱誠的聲音歌唱，
唱啊唱啊，
一直到大海都平靜下來，
傾聽我的熱望……

我把它獻給年輕的同學們，我們做學問、交朋友都要有這熱忱，多發揮熱情與想像。

（本文係由一九九七年三月十九日彰化師大國文系「人文講座」演講稿整理而成。）

莊子的視野與心境

《莊子》上承《老子》，下啟《淮南子》，是道家的一部主要著作，對後世的影響極其深遠。特別是到了現當代，無論是嚴復引進西方自由平等概念，使自由民主與中國傳統文化對接，還是章太炎試圖將儒、釋、道融會貫通，都受到道家思想的深沉影響。王國維的《人間詞話》中流露出非常濃厚的莊子意境。湯用彤、蒙文通、馮友蘭、金岳霖、宗白華、方東美等，都是具有道家情懷的學者。

對每一個人來說，無論做學問還是做事，都與其個人的心理狀態、精神狀態密切聯繫。所以，今天我就從「視野」與「心境」切入，談談莊子可以帶給今人的啟示。

大小之辯

如果把時空拉到無限大和無限小，可以看到，
萬物的大小皆無定準，其之間的相對關係是可以不斷相互轉化的。

通常都認為，〈齊物論〉是《莊子》中論述哲學思想最重要的一篇，甚至可以說是中國道家哲學的代表作之一。但在講〈齊物論〉之前，我想先講講〈秋水〉篇。

〈秋水〉篇中如此寫道：「秋水時至，百川灌河。涇流之大，兩涘渚崖之間，不辯牛馬。於是焉河伯欣然自喜，以天下之美為盡在己。」說的是秋天下雨，黃河水高漲，從兩岸及沙洲之間望去，連牛馬都分辨不出來，形容河面浩蕩寬闊。於是，河伯就認為天下的美、天下的壯觀都是自己第一，無人可及。然而，當河伯「順流而東行，至於北海，東面而視，不見水端」，他改變了自己欣然自喜的面容，轉而「望洋興嘆」：如果不是見到大海，我就「見笑於大方之家」了。這時，北海若就對他講述了「井底之蛙」的故事。

中國有兩大神話系統——蓬萊神話和崑崙神話。莊子把這兩大系統都汲取到他的思想裡，把神話哲理化。河伯與北海若兩個水神接著對話。北海若說，只有你知道了自己的不足，我才能夠跟你「語大理」。人和人之間的交往也是這樣，如果對方一副花崗岩腦袋的樣子，堅持一種全然封閉的心態，那你就什麼都沒法跟他講。河伯還好，起初還「以天下之美為盡在己」，以自我為中心，可是最終，他並沒有排斥別人。當他遇到北海若，他開始意識到自己的小。隨後，北海若又進而說道，「天下之水，莫大於海」，但與天地比，海之大「猶小石小木之在大山也」。所以，這第一次對話的重點，就是不可「以此自多」，不要盲目地覺得自己了不起，要去除以自我為中心的想法。

第二次對話，河伯問：「然則吾大天地而小毫末，可乎？」我可不可以認為毫末最小，天地最大呢？北海若回答：「否。夫物，量無窮，時無止，分無常，終始無故。」「是故是大知觀於遠近，故小而不寡，大而不多，知量無窮。」意思是說，整個宇宙中所謂萬物的數量是無窮的，時間永無止期，得失是沒有一個定準的，終始是沒有不變的。而那些得道之人，既能看到遠，也能看到近。這裡所說的「終始無故」，從字面上看，「故」就是緣故的「故」，但其實是通固定的「固」。所謂「終始無固」，是講終而又始，宇宙是不停地變化的。這就是莊子的變化觀。用〈大宗師〉篇中的話來說，就是「萬化而未始有極也」，即所謂大化流行，無有止期。老子在變動當中求其「常」，而莊子則認為這不可能。因為，所謂「常」，很難找到一個絕對的立足點。因此，莊子認為，人要「觀化」，觀察變化；要「參化」，參與變化；同時要「安化」，安於所化。畢竟，「計人之所知，不若其所不知」，我們所知道的終究是有限的，我們所知的終究比不上我們所未知的；「其生之時，不若未生之時」，在從過去、現在到未來那麼漫長的時空裡面，我們活著的時間真的只是一剎那的存在。如此一來，還怎能分別「天地」與「毫末」的大小呢？

接著，他們又進入第三次對話。河伯問北海若，那麼，可不可以說「至精無形，至大不可圍」呢？毫末雖小，還有形，小到無形，算不算最小呢？比天地還大，大到沒有邊界，可算是至大吧？北海若答道：「夫自細觀大者不盡，自大視細者不明。」這句話很有意思。說的是，如果我們常常從細微處看，比如寫文章，一直往細裡鑽牛角尖，就看不到整頭牛了，所謂見樹不見林。而有些人一下子就掌握了整個大局，好比寫作時有個很不錯的提綱，卻又不從細處落實，這樣就往往不夠細膩。北海若又論述道，「言之所不能論，意之所不能察致者，不期精粗焉」，是說連語言文字都沒有辦法表達、心意也沒有辦法意識到的，就不必區分什麼大小精粗了。而「因其所大而大之，則萬物莫不大；因其所小而小之，則萬物莫不小」。如果把時空拉到無限大和無限小，可以看到，萬物的大小皆無定準，其之間的相對關係是可以不斷相互轉化的。如果用現代的哲學觀點來分析的話，河伯與北海若之間的前三次對話所揭示的，就是我們應如何去認識外在的、客觀的世界。

主體的局限性

有限的主體如何在有限的時間內去認識如此複雜的客觀世界？

莊子曰，「知道者必達於理，達於理者必明於權，明於權者不以物害己」。

〈秋水〉篇最後一段提到，莊子與惠子遊於濠梁之上。莊子曰：「鯈魚出游從容，是魚之樂也。」莊子說，這魚好從容自得，好快樂。於是，惠子反駁道，你又不是魚，你怎麼知道這魚是快樂的呢？莊子曰：「子非我，安知我不知魚之樂？」於是惠子說，我不是你，當然不能完全了解你的想法，同理，你也不是魚，如果按此邏輯推理，很明顯，你也不知道魚是不是快樂。這裡惠子所提出的，就是一個主體如何認識客體的問題，這是哲學中一個很重要的大問題。而我們可以看到，在這場對話中，莊子是從一個詩人、一個美學家的視角，把主體的情意投射到客體，即所謂「移情」，然後達到物我無別、相互交融的狀態。而如果正如惠子所說的那樣，主體是主體，客體是客體，這兩者之間永遠隔著一道不可逾越的鴻溝，就會產生很多問題。

存在主義哲學家薩特認為，人與人之間之所以很難了解，是因為每個人都是主體，而主體是不願意被他人當作客體加以把握的。所以，薩特說，他人對於主體來說是一堵牆，無路可通。舉個可能不是很恰當的例子。比如你在考試，我目光一瞥，看見你剛好在作弊，那麼此刻你這個主體就立即變成客體。如果第二天，我又在上樓梯時碰到你，你這個主體又降為客體，因為這讓我再次想到昨天你因為作弊被我抓到。然而，正在我得意的時候，哎呀，一下子踩了個空，翻了個跟頭，爬起來，就在我倆目光相對的那一刻，我這個主體下降為客體，你那個客體冉冉上升為主體。可見，儘管人與人之間時有衝突，但人可以互為主體，從而突破主體的局限性。當然，《莊子》也給我們提出了一個很好的問題：一個人活著的時間那麼短暫，外在的世界又無窮大，得失又無常，怎麼去得到一個定準呢？也就是說，有限的主體如何在有限的時間內去認識如此複雜的客觀世界？

讓我們繼續看河伯與北海若之間的第四次對話。經過了之前的幾番辯論，河伯已經慌了。他原以為天地最大，毫末最小，而北海若都說不是；然後，他又認為「不可圍」最大，「至精」最小，但得到了否定的見解；第三回合，兩人談論到，如果是無法以感觀知覺去確實把握，或者用語言去表達，用心意去追述，這就無所謂確切的大小了。這可怎麼辨？怎麼去區分貴賤大小？所以，北海若有這樣一句話，「貴賤有時，未可以為常也」。也就是說，所謂貴、賤都是在特定的時空中，所以，對人、對事物的評價都要經過一段時間並多換幾個角度。可見，莊子的相對主義是提醒我們要把自己的思想視野弄得開闊一些。

在河伯與北海若第四次對話中，莊子借北海若之口，針對道、物關係提出了多維視角、多重觀點的問題，說：「以道觀之，物無貴賤；以物觀之，自貴而相賤；以俗觀之，貴賤不在己。」這句話說的就是，如果分別從道的觀點、從個人的觀點、從流俗的觀點來看事情，來評價事情，結果都不同。其實，這就好比我們當下社會生活中的流行時尚嘛。現在流行什麼顏色，巴黎流行什麼服裝款式、風格，我們一個個都去跟著轉。而且，從物的角度來看，萬物都自視高貴而輕賤他物；從人的角度看，每一個人都覺得自己最行，最有本事。但從道的觀點來看，萬物根本無所謂貴賤，因為價值判斷都是人賦予的。因此，從道的角度來看，我們要通權變達，將莊子所說的「知道者必達於理，達於理者必明於權，明於權者不以物害己」了然於心。此處「必明於權」的「權」是「變」、「變化」的意思。可見，〈秋水〉篇不僅談到了自我中心的問題，也演繹了道的觀點，並提醒我們，要認識到主體認識客觀世界過程中必然存在的局限性。

一個通達的世界

世間爭議大都是因每個人只是從自己的角度來看，來作判斷引起的。而莊子啟發我們，假如你跟朋友之間有衝突，不妨盡量收一下自己的情緒，然後站在對方的立場想一想。

現在我們再來看〈齊物論〉篇，就可以非常明顯地發現，其中很大的篇幅是談認識論的。

開篇講，「南郭子綦隱機而坐，仰天而噓，荅焉似喪其耦」。於是，他的學生顏成子游說，老師今天打坐和過去不一樣呀，是何緣故呢？子綦答道，「今者吾喪我」。這一段最重要的就是這個「吾喪我」這一命題。頭一個「吾」

是一個大我、真我，一個開放的，可以跟他人、外物相感通的我。而「喪我」中的「我」是那個尚未忘己、忘功、忘名的我。接下去，子綦突然把話鋒一轉，問子游道，你聽說過「人籟」、「地籟」、「天籟」嗎？話題轉到「三籟」，實寫「地籟」：風吹不同的孔穴，會發出不同的聲音。當風較強時，響應的聲音也大；風較小，響應的聲音也比較小；當強風停止了，每一個洞竅就是虛空的狀態，即所謂「眾竅為虛」。莊子在這裡想說明的是，人心猶如一管一洞，而一管一洞之所以各成其聲，是因為在它們心中都沒有一個「怒者」在主宰著。

莊子接下來寫道，「大知閑閑，小知間間；大言炎炎，小言詹詹」。這句話被認為是其個人對百家爭鳴的看法。在莊子看來，諸子百家在文化論戰中，我批評你，你攻擊我，弄得大家晚上睡覺精神交錯，白天心神不寧。但在這個爭鳴的過程中，每一個參與者的心境恰恰不是虛，而是實。風吹萬種孔竅，之所以會發出千差萬別的聲音，就是因為這些孔竅的自然形態不同，本身的結構、條件造成發出聲音的差異。正因為每一個人心裡都充滿了成見，所以，大家一直論辯不休。而這一切，「咸其自取，怒者其誰邪？」也就是說，都是因為各自自身的原因，並沒有一個是被指使的。莊子的這段描寫很精彩。他把每一個人介入論戰時的那種心理狀態、精神上的波動、行為樣態的變化都描繪得栩栩如生，由此點出「有情而無形」的「真宰」和「真君」，即超脫於肉體和感情之外的自我。

然而，人「一受其成形，不亡以待盡。與物相刃相靡，其行盡如馳，而莫之能止」。有人活在這世間，勞碌而無功，好像無頭蒼蠅；有人看到利，眼睛就像狼一樣的。如果整個社會都是抱著這樣一顆「成心」在活動，那麼，整個社會就迷失了。畢竟，言論和風吹不同，風吹孔竅是虛的，而言論卻充滿了主觀的成見。如果每個說話人都只是各執一端，「以是其所非而非其所是」，你肯定的，我就要否定，你否定的，我就要肯定，這就完全是成心或偏見在作崇了。

怎麼辦呢？莊子的答案是，「莫若以明」。也就是說，還不如像一面鏡子一樣反映客觀的狀態，以空明的心境、開放的心靈去認識別人的觀點、外在的事項，去面對事物之本然。

「物無非彼，物無非是」。就是說，從他者來說，事物沒有不可以稱作「彼」的；從本身來說，事物沒有不可以稱作「此」的。「故曰，彼出於是，是亦因彼。彼是方生之說也。雖然，方生方死，方死方生；方可方不可，方不可方可；因是因非，因非因是。」這說的是，事物起起落落，價值判斷也無窮地進展著，變化著。這時該怎麼辦？與其主觀糾纏於是非，還不如「照之以天」，回到一個本來的狀態。

讀〈齊物論〉，莊子的這個「莫若以明」給我幫助最大。世間爭議大都是因每個人只是從自己的角度來看，來作判斷引起的。而莊子啟發我們，假如你跟朋友之間有衝突，不妨盡量收一下自己的情緒，然後站在對方的立場想一想。若能從共性處看事物，相信可以減少人們因自我中心而導致的紛爭。

讀《莊子》，你就可以進入一個心胸開闊、精神自由的世界。

莊子的藝術心境

莊子講「形全精復」，強調一個完美的人應該是身體康健、精神飽滿的。具體到藝術創作領域，莊子這種對「得其精」要「在其內」的強調難能可貴。

道家思想有兩個重要的組成部分，一個治身，一個治國。治身，重要的是形與心，肉體和精神。老子講「專氣致柔」，而莊子講「形全精復」，強調一個完美的人應該是身體康健、精神飽滿的。相比老子，莊子更重視人內在的生命世界的狀態。具體到藝術創作領域，莊子這種對「得其精」要「在其內」的強調難能可貴。所以，接下來，我們來談談莊子的藝術心境。

〈養生主〉篇中「庖丁解牛」的故事大家都很熟悉。但可能很少有人想過，庖丁解牛的道理同樣可以運用到藝術創作中。莊子如此描寫庖丁解牛的動作，說：「手之所觸，肩之所倚……莫不中音，合於桑林之舞，乃中經首之會。」可見，庖丁解牛的動作、運刀時發出的聲音，就像美妙的舞蹈、優美的音樂，構成一個很生動的形象的藝術畫面。很多人常常由此驚嘆，解牛怎能達到這種地步？其實，人世間的複雜，猶如牛身上筋骨盤結，所以，你要「依乎天理」，順應自然，順著骨節肌理的構造來運刀，「以無厚入有間」，否則，刀子就會被折斷。而且，即使你技巧很好，遇到筋骨盤結處，仍要「怵然為戒」，小心謹慎。事情做完以後，還要「提刀而立，為之四顧，為之躊躇滿志，善刀而藏之」。難怪文惠君聽完庖丁的介紹後讚嘆道：「善哉！吾聞庖丁之言，得養生焉。」

從藝術創作的角度看，「庖丁解牛」的故事同樣投射出藝術家在創作活動中的種種心境。比如，藝術創造由主客對立達到了主客融合。可能起初，人跟牛是對立的，「所見無非全牛」。但隨著對立的消解，就「未嘗見全牛也」。對於藝術活動而言，也是一樣。外在客體與創造主體本來大多處於一種對立的狀態。慢慢地，當技巧專精到可以收放自如的境界，主客最終消解於融合中。故事中，庖丁的刀子進去以後，「以無厚入有間，恢恢乎其於游刃必有餘地矣」。這種創造主體由技術純熟到達揮灑自如的境界是非常美妙的。又如，庖丁每次碰到筋骨盤結的地方，就「怵然為戒，視為止，行為遲」，但一旦完成以後又「躊躇滿志」，由緊張轉為從容自得。這就好比我們創造一個東西，在攻堅克難時，整個心神都投入進去，可能連自己已滿頭大汗都未必察覺到。但完成之後，當我們長吁一口氣，就頓覺心滿意足。這種心理變化，真是很淋漓盡致地描述出藝術創造者那種享受創造過程和成果的滿足感。「庖丁解牛」為我們展示了一個技進乎道、精神昇華了的藝術創作境界。

當然，在藝術創作由緊張而鬆弛的過程中，精神專一是非常重要的，而這又和技巧的專精很有關係。〈達生〉篇中提到這樣一則寓言，說孔子在去楚國的路上經過一片森林，看到一個駝背的人在捉蟬，輕易得好像在撿東西一樣。於是，孔子問，「子巧乎，有道邪？」駝背人說，「我有道也」。一來，他的道是訓練出來的，技巧的專精有一個循序漸進的過程；二則，他談到了捕蟬時需要靜定，執臂「若槁木之枝」，且「雖天地之大，萬物之多，而惟蜩翼之知」。就是說，他在捕蟬時什麼都不管，只注意到蟬翼本身。可以想像，若能達到這種地步，「何為而不得」！所以孔子，感嘆其「用志不分，乃凝於神」。可見，無論做任何事情，「凝神」都非常重要。只有心無旁騖，才有可能到達出神入化的境界。

除此之外，莊子還講，「無事而心閒」也很重要。為此，莊子在〈田子方〉篇中舉了一個「解衣槃礴」的例子，常為後世美術史、藝術史所引用。講的是，宋元君要畫圖，好多畫師都來了，打躬作揖，磨墨舔筆。由於來的畫師很多，除就位的以外，還有一半的人站在室外沒有位子坐。這時，有一個遲到的畫師，「儃儃然不趨，受揖不立，因之舍」。就是說，他來了以後不僅表現得安閒自由，且面見君主時也沒有快步迎上。在眾人看來，似乎有點不拘禮節。但他一來，就轉身回自己的客館去了。宋元君派人去看，只見他輕鬆淡定，悠閒自若，打著赤膊在作畫。對此，宋元君感嘆道：「是真畫者也。」這就是「解衣槃礴」典故的由來。宋代著名畫家郭熙曾在《林泉高致》中引用了這個典故，並說「人須養得胸中寬快，意思悅適」，方能達到藝術創作的良好心境。

（本文原係南京東南大學「人文講座」上的一篇演講文字，後經整理，收入陸挺主編《人文講演錄》，江蘇教育出版社，二○○三年版。）

莊子的藝術心境

儘管莊子的時代藝術發展還處於萌芽階段，但莊子的思想已然流露出中國後世藝術精神的最甜美的甘泉。宗白華說：「晉人的美感和藝術觀，就大體而言，是以老莊哲學的宇宙觀為基礎，富於簡淡、玄遠的意味，因而奠定了一千五百年來中國美感——尤以表現於山水畫、山水詩的基本趨向。」從魏晉的山水詩到宋元的山水畫，可以說，莊子的思想貫穿了整個中國藝術的審美觀，並且也於無形中塑造了中國人的生活態度和處世品格。

《莊子》以〈逍遙遊〉開篇。莊子對中國藝術觀念最大的貢獻，就是如那大鵬鳥翺翔於天地間一般的自由精神。詩人席勒在《審美教育書簡》中寫道，性靈在審美的自由中達到一種生命的超越和飛翔。席勒所講的審美，主要是對藝術作品的審美。而莊子的自由精神，並不是根據藝術的創造產生的想法，而是從人生命的本來狀態中產生的。或者說，藝術對莊子來說，不僅僅是一個具有藝術特徵的對象，而是自然生命本身。比起老子的「道法自然」，莊子更常用「天地」這個說法來描述這個無窮的世界。〈齊物論〉言：「天地與我並生，而萬物與我為一。」天地實際上是一個與「我」同在的世界，人必須要達到一個境界，才能進入這個世界。在這個世界中，萬物和我不再是彼此分別的，而是合而為一的。〈大宗師〉言：「彼方且與造物者為人，而遊乎天地之一氣。」人本是造物所賦予，並非是萬物的主人，而只有回到天地之中，與天地精神相往來，才能有自由的樂適之感。遊於天地，也是遊於藝術的世界，自由的世界。

莊子的藝術心境脫離了具體的感官活動，而在虛靜的狀態中等待著萬物的自然來臨。〈人間世〉說：「若一志，無聽之於耳，而聽之以心；無聽之以心，而聽之於氣，耳止於聽，心止於符。氣也者，虛而待物者也。唯道集虛，虛者，心齋也。」對於藝術的欣賞，似乎必須要通過耳目等具體的感官。莊子並不是反對感官活動，但他認為，僅僅通過感官是無法領略世界的真諦的。與其用感官，不如用內心的理解；而與其用理解，不如用「氣」。這個氣就是生命自然的狀態，是虛而待物的狀態。只有設一心齋，萬物才能在此自由地來去。可以說，中國的藝術精神不是經由耳目而觀，而是在內心虛靜中的體驗。山水畫在唐代之後，經歷了一個從絢麗的青綠到幽淡的水墨的過程，可以說與莊子的思想無不關係。北宋畫家郭熙在其山水畫論《林泉高致》中說「林泉之志，煙霞之侶，夢寐在焉，耳目斷絕」，山水的世界是一個夢裡的世界，在這世界中，人忘卻了耳目之愉，而與煙霞為伴侶；這正是莊子齊物的精神。

因此，可以表達世界真意的藝術，也必定不是僅僅取悅感官或是執迷於語言符號的。莊子說：「天地有大美而不言。」真正絕然的天地之美，是一種靜默的美。〈齊物論〉說：「大言炎炎，小言詹詹。」對整個中國的藝術境界而言，最美的恐怕不是以複雜精巧的語言符號表達的藝術，而是看起來淡然、沖漠的渾然一體的世界。中國藝術講究「外師造化，中得心源」，正是要首先在自然當中尋找到和自我內心契合的那個不言之美。〈刻意〉中說「淡然無極而眾美從之」，淡就是幾乎看不到顏色物相的狀態，在這種看似缺少繪畫語言的意象中，呈現出了一個廣袤無垠、虛無飄渺的所在。魏晉以來中國藝術崇尚的正是這種簡淡幽遠之美。蘇軾評王維的畫「作浮雲杳靄與孤鴻落照，滅沒於江天之外」，「得之於象外，有如仙翮謝籠樊」，正由於王維的畫作淡泊飄渺，超越形式，而得自然之真趣。

魏晉美學的「意象」問題，也是繼承了莊子的思想。王弼說：「得象而忘言，得意而忘象。」一般認為的藝術作品必須通過語言和符號來表達，而莊子認為，藝術的境界，是在得到其形象之後遺忘了語言和符號規則，使藝術家自由的創作，這也就是莊子說的「得心應手」；而更高的境界，則是在得到意趣之時，連形象也忘卻了，這樣，審美的心境不必指向具體的審美對象，而進入到一個廣闊的意義的天地中間了，這就是他說的「采真之遊」。這種自由的境界，其實是對對象本身的解構，人完全暢遊於一個意義的世界之中。在這個世界裡，沒有語言的束縛，甚至也沒有藝術形象的必要，只有暢遊無礙、無拘無束的真性。

在〈齊物論〉一開始，莊子就以人籟、地籟、天籟的故事來說明藝術心境的不同階段。人籟是樂器的聲響，是借助於外物而成的音樂。地籟是風吹過大地間孔竅的聲音，它是自然的力量引發的，不需借助於發聲的工具。而天籟不但沒有憑依，連人耳都難以聽到這種聲音。「夫吹萬不同，而使其自已也。咸其自取，怒者其誰耶」，天籟並不是某個怒者發出的，更無需借助工具；而聞天籟之音也只需要根據自己的心志來獲取，在這種狀態中，既不會由於顏色或聲音上的美妙而搖蕩心志，也不會因為意義上的辨別而損人精神，而是將生命如一個空屋一樣向世界開敞，讓世界的真諦集於我處。老子云「大音希聲」，天地最美妙的音樂是很難用耳朵聽到的，因為這是從內發出的性靈之音。天籟的精神，對中國後世的藝術產生了巨大的影響。中國人最鍾愛的樂器是古琴，而古琴追求的淡遠自然的境界，正是受到莊子的影響。嵇康的《琴賦》描述琴者「沆瀣兮帶朝霞。眇翩翩兮薄天遊。齊萬物兮超自得。委性命兮任去留」。彈琴並不是為了演奏樂器，而是以一種齊物的精神，在天地之間暢然遊蕩，在生命的世界中去留自任。東晉大詩人陶淵明還有一個無弦琴的典故。史書言其在室內置無弦琴，每每撫而和之曰：「但識琴中趣，何勞弦上聲。」琴真正的意趣在於內心不外於物的生命境界，這與王弼「得意而忘言」正不謀而合。

不僅如此，莊子還特別強調真正的藝術對外物的滌除。所謂外物，就是損傷事物的本性而讓其成為某種被利用的工具。《莊子》中散木的故事說，一匠人攜學徒走至一參天大木旁，高可比十仞之山，大可做數十船，其葉遮天蔽日，觀者絡繹不絕。但是，老匠人毫不以為意，不停下來腳步，繼續前行。徒弟很奇怪，問他為什麼不看此稀世大木。匠人回答說這是散木，「以為舟則沉，以為棺槨則速腐，以為器則速毀，以為門戶則液樠，以為柱則蠹。是不材之木也，無所可用，故能若是之壽」。這塊木頭由於其不材，不能做成用具，才因此成為了「樹」，成為了真正的自我，並且永葆長壽。可見，這種工具式的有用性是對生命本身的損傷；要還歸物的真性，首先就要放棄這種改造世界、利用萬物的想法。

實際上，將物製作為工具的人亦很難逃脫物的命運。因此，莊子說：「若與予也，皆物也，奈何哉其相物也？而幾死之散人，又惡知散木？」人與散木都是天地中一物，而人卻將物塑造為工具，也就是相物，而在這一過程中，人也受物的捆縛。只有解除了這種工具性，人才能得到真正的自由。《莊子》中常有將身體比喻為槁木的例子。〈齊物論〉中，顏成子游對南郭子綦說：「形固可使如槁木，而心固可使如死灰乎？」〈達生〉篇中，孔子遇到的承蜩的佝僂者也說自己的身體如「槁木之枝」。〈田子方〉中，孔子描述老子「形體掘若槁木，似遺物離人而立於獨也」。槁木指的是枯木，形容靜定，看起來和散木是不同的。但是，這如槁木的身體可以獨立於世界而存在，也就是不受外物所累而成其自由之身，其意義有如散木。這看起來不被世人所看重的無用之木，恰恰是後世的中國藝術最為珍視的價值。蘇軾最喜歡的「枯木怪石」這個繪畫題材的意涵就從此處來。枯木便是莊子所說的這種槁木。

而怪石也表達了無用之意。白居易在一首題〈太湖石〉中說：「天姿信為異，時用非所在。磨刀不如礪，搗帛不如砧。何乃主人意，重之如萬金。豈伊造物者，獨能知我心。」看似無用的石頭，恰能表達出莊子的不為時用、遺世獨立之感。

〈逍遙遊〉中，莊子道出了人與物相處的理想狀態。惠子向莊子抱怨關於自己家的樗樹一無所用，莊子回應說：「今子有大樹，患其無用，何不樹之於無何有之鄉，廣莫之野，彷徨乎無為其側，逍遙乎寢臥其下。不夭斤斧，物無害者，無所可用，安所困苦哉？」人和物在一個沒有妨礙的世界中相與遨遊，安然寢臥，不相利用，也不相傷害，這就是一個沒有困苦的世界。莊子稱這個世界為「野」，在中國的詩畫中，常常出現這種野趣。唐韋應物名句「野渡無人舟自橫」，描繪了在一片看不到岸邊的野水中，獨自漂浮著一只不知主人的小舟的情景。這只小舟，就像是那無用的散木，在這蕭疏的渡口，看似沒有方向，卻得到一種自在與逍遙。五代畫家李成的作品最有這種荒寒野逸的風格。如他論畫，也說「孤峰遠設，野水遙拖」，又有「喬木疏於平野，矮窠密布山頭」。這種常人看來蕭瑟荒涼的精致，在藝術家那裡，卻是繪畫最得起妙意的題材。詩畫要呈現的並不是荒郊野外的景象，而是莊子所說的那一沒有邊界，從而得以逍遙自在的廣漠的鄉野。

這個外物，也包括人的身分。〈田子方〉中講了一個故事，說宋元君要畫圖，諸位畫師都畢恭畢敬，舐筆和墨。有一個來得晚，不但不按照禮節趨步立正，還在畫畫前揭開衣服，雙腿盤坐。宋元君聽說後言道：「這才是真畫。」一位宮廷畫師，如果處處都按照皇帝的意圖，或者按照禮節的要求去作畫，他的狀態是不自由的，他作出來的畫也一定不能到達自由的境界。故事中的這位畫師丟掉了禮節和衣服的束縛，宋元君不必根據他的作品，只需要根據畫師的狀態就知道他的畫是真畫——真性情之畫。禮儀和身分的約束對於藝術是很大的傷害，這在宋代之後文人對工匠畫的排斥中可見其影響。中國的文人藝術，也是一種自由的藝術，因為他們反對將繪畫作為一種職業，任何職業，都要受到雇主、市場的影響，因此不能夠盡情地抒發胸臆。只有卸除了這種身分束縛，才能真正創造出有自由精神的藝術。

《莊子》中還描述了許多殘疾的畸人，尤其是〈德充符〉，講述了兀者王駘、申徒嘉、叔山無趾、惡人哀駘它等畸人，這些人有駝背的，有肢體殘缺的，也有身上長瘤的。如果從世俗的觀點看，這些人一點兒都不美，但在莊子筆下，不但人人豔羨他們，連孔子這樣的聖人也稱讚他們「德不形者，物不能離也」，「畸人者，畸於人而侔於天」。莊子借孔子口說出，這些人雖然看起來形貌醜陋，甚至殘缺不全，但這僅僅是根據社會普遍的審美價值樹立的一種標準，以這種標準去評價別人所得到的是一種外化的觀點；他們的內在的精神並不因外形的怪異而被割裂，恰恰相反，正因為這些人忘記了自己的外形，所以才能成就其內在的天全。這個論斷，可以說為中國藝術不求形似奠定了基本的思想。蘇軾說：「論畫以形似，見與兒童鄰。」無論是「似」或者「不似」，或者被膚淺理解的「似與不似之間」，都並非文人藝術所追求的境界。精神的表達固然要借助於圖像，但並不必追求形式上的完美，就像莊子筆下這些殘疾人，只有超越了形式的訴求，才能更接近生命的真性。與其說文人畫所追求的是畫，不如說它求索的是「人」，是一個化成之人。在《莊子》那裡，所謂的化成，首先便是脫離對物的對象化，也就是外物和關係的負累，使個人達到一個圓成的境界。

「得至美而遊乎至樂，謂之至人」，莊子所追求的，就是這樣一個至美至樂的自由境界。在這個世界中，物我是沒有分別的。在濠梁之上，他對惠子說出「魚」之樂，是捨棄了「子非魚」這樣的判斷，將濠梁也看作了這樣一個世界。在夢境之中，他把分不清自己是蝴蝶還是蝴蝶是自己，也是破除了我和物之間的界限。莊子稱這種狀態是「物化」。這不是情感上的由外物引起的短暫的快樂，而是拋卻外物和是非之後所達成了的自由境界。莊子要在亂世時代的痛苦人生中，尋求精神的自由解放。後人循著那飄渺的蹤跡，也不斷在實踐著莊子的精神世界。魏晉時期，嵇康提出「越名教而任自然」，竹林七賢中的許多人，都頗得莊子的旨趣。嵇康的好友阮籍常常在樹下仰天長嘯，這種任其自性揮灑的狀態，正是南郭子綦「隱機而臥，仰天長噓」的寫照。

（本文原爲二〇〇二年十一月二十七日，於臺灣育達商業技術學院通識教育講座上的一篇演講，經北京大學李溪博士整理成文。）

莊子：「內聖外王」——最高的理想人格

莊子，名周，戰國時代道家學派的重要代表人物。現存《莊子》一書是研究莊子思想的重要文獻。

歷史上，《莊子》與《周易》、《老子》並稱「三玄」。莊子在士人傳統中又開闢出一個文人傳統，其獨特的思想風格，將中國境界哲學推向了高峰，對後代文學、藝術的影響更是綿延不絕。

莊子其人其書

從中國士人傳統中，莊子揭開了文人傳統的序幕。假如沒有莊子，中國文化將會是個怎樣的光景呢？首先可以確定的是，缺少莊子的中國文化，肯定呈現出和現今截然不同的精神風貌；少了這份充滿靈性的源頭活水，後世騷人墨客的雋永才思也將隨之枯竭不少。更重要的是，不知多少的文學家和藝術家將會在精神生命上頓失依歸。傳統中國的知識分子，從西周開始大都秉持學而優則仕的信念，將畢生心力投注於人間秩序的關懷，而開創出主流的士人傳統。漢以後，士人或仕人，多尚實際，結群而重規範。魏晉之際，文人階層出現，析理抒情，投注於理想人格之塑造與內在性靈生活之開闢。莊子終生不仕，高潔其志，使生命優游於美感意境而開創出一片思想的新天地。在莊子揭開序幕之後，其獨特的人格風味、思想風貌與精神意蘊，使歷代文人雅士獲得心靈上無盡的共鳴。我們在阮籍、嵇康等人的身上看到了這個傳統的傳承；我們更可以在李白、蘇東坡等人的身上，看到同樣精神傳統的大放異彩。假如沒有莊子思想的激發，中國文人的精神世界將是難以想像的。

在進入莊子浩瀚無邊的思想之前，我們先來談談莊子其人其書。關於莊子，這個謎一樣的人物的生平，我們只能在司馬遷的記載和《莊子》這本書中找出端倪。莊子，名周，生於戰國中期，和孟子同時代。他是宋國蒙城人，受到南方楚文化較深的影響。也只有彌漫著神話與浪漫氛圍的楚文化，才能孕育出《莊子》這樣一部視野寬廣、立說倜詭、用詞參差的瑰偉奇書。《莊子》一書，共三十三篇，分為內、外、雜三部分。根據學者們的研究，內篇大抵為莊子本人的著作，而外篇與雜篇則大多是莊子後學的作品，但也保存了一些莊子本人的札記或弟子門人對師說的筆錄。整本《莊子》固然非一人一時一地之作，但大體上可以視為莊子學派作品之彙編。〈駢拇〉、〈馬蹄〉、〈胠篋〉、〈在宥〉發揮任情率性的思想；〈天地〉、〈天道〉、〈天運〉摻雜了黃老學派自然無為的政治思想；〈讓王〉、〈漁父〉則蘊含了楊朱學派的貴生思想；至於〈秋水〉、〈知北遊〉則是對於內篇的齊物思想做進一步的發揮。外篇與雜篇反映了莊子後學蓬勃發展的多元化風貌。整本《莊子》以寓言為主，用說故事的方法將讀者帶入莊子的異想世界，透過譬喻的手法使讀者領悟深層的言外之意。

「在困頓的生活中透顯不平凡的思想」，這應該是對莊子生平的最佳描述。從《莊子》中，我們可以知道莊子家貧。例如，書中記載莊子曾向監河侯借米，也曾經穿著破爛衣服去面見魏王。這些故事中，也反映了莊子雖窮，卻怡然自得。當監河侯說要等收租後才借米糧時，莊子還能幽默地說出「枯魚之肆」的譬喻來予以嘲諷。同樣地，當魏王說莊子疲困時，莊子也能不卑不亢地坦然對應，陳說自己是貧窮，並不是疲困，他說：「士有道德不能行，憊也……今處昏上亂相之間，而欲無憊，奚可得邪？」（〈山木〉）莊子指出知識分子有理想不能伸張，是由於「處勢不便」，生不逢時，「非遭時也」。雖然莊子家貧，但司馬遷又說他「其學無所不窺」。因此，我們由此推斷莊子可能是家道中衰的沒落貴族。據載，莊子曾從事織草鞋等手工藝維生，因此，《莊子》書中隨處可見由技藝入道的生動寓言故事。除此之外，莊子也從事於教學活動，有不少弟子跟隨，從外、雜篇中可看出莊學多姿多彩的風貌，然而姓名可考的只有藺且一人。

在莊子一生中，最為人津津樂道的就是他和惠子的友誼。我們發現，《莊子》書中許多重要的哲學議題，都和惠子有關。莊子與惠子經常相互論辯，而真理往往就在這樣的對話中開展出來。雖然惠子看似時常和莊子唱反調，但其實是莊子一生中難得的知音。所以，當惠子死了之後，莊子感到非常落寞。他到惠子的墓前弔祭，惋惜地說出「運斤成風」、「郢人之質」的寓言故事，表達出莊子對論敵老友的深切懷念與真摯的友情。惠、莊兩人不同的人生體驗與立場對立的觀點，卻通過對話的方式打破思想的獨斷。這種相互激蕩、彼此包容的對話方式，開啟了魏晉清談的先河。

《莊子》書中所記載莊子一生的重大事件，總和死亡議題密切相關。而我們正好能從這些故事當中，看到莊子在面臨死亡時的那份灑脫與達觀。莊子在痛失知己惠子的情況下，還能別開生面地用故事來寄託自己的思念之情。而當莊子妻死，莊子更以「鼓盆而歌」的方式來紓解情懷。莊子認為，宇宙是一氣化流行，人的生死只不過是氣化的環節之一，當人死之後，個體生命又回歸到宇宙大生命之中，好似回娘家一般。因此，莊子帶著坦然之心來接受妻子回歸本根的事實。至於莊子在面臨自己的死亡時，也不忘以詼諧的話語來為自己的生命畫下休止符。莊子弟子不忍莊子曝屍荒野而想為莊子下葬，而莊子卻在嚥下最後一口氣前，不改幽默的本色，質疑弟子何以獨厚地下的蟲蟻？否則，為何要特地奪取鳥獸的食物給蟲蟻呢？莊子的一生就在瀟灑自在中落幕了。

莊子的思想風格

老、莊及黃老之學共同推崇道德哲學，後人因而稱他們為道家學派。老子的道德意旨為莊子所繼承而發揚。

老子玄之又玄的「道」並未與「心」相聯繫，莊子則主張道「無所不在」（〈知北遊〉）。他一方面將「道」落向人間並落實到人心（如〈人間世〉所說的「心齋」境界），另一方面又將老子實體意義的「道」轉化而為主體的生命境界。莊子用「氣」來說明大化流行中物界的更散流轉。他提出「氣化論」來彌補老子宇宙生成論的不足，同時又提出「理」的範疇來說明萬物的存在樣態及其運行的法則。

老子倡導道德意旨，此外，還徜徉自然、無為、有無、虛靜等學說，莊子繼承之，並加以創造性的轉化。例如，老子著名的「無為」都屬於政治術語，但莊子卻把它轉化而為個體自由自在的精神情狀；逍遙齊物是莊子精神哲學中最重要的境界，從老子書中很難體會這種獨特的意境。老子主柔，莊子則貴在遊心——遊心不僅是精神自由的體現，更是藝術人格的流露。莊子思想豐富而多端，我們藉由他書上幾個寓言故事呈現的人生哲理來一窺其思想風格。

「鯤鵬展翅」——大其心境，開拓視野

翻開《莊子》，首先映入眼簾的就是「鵬程萬里」的故事，一開頭就給人打開一個寬廣的視野。莊子說，北海有一條叫作鯤的魚，「鯤之大，不知其幾千里也」（〈逍遙遊〉）。這條魚大得超過人們的想像更神奇的是，這隻巨鯤在海底深蓄厚養，復化為鵬。這隻鵬鳥同樣大得難以想像，它的背有好幾千里那麼長，而它的翅膀，就像是天邊的雲彩。當海風吹動時，它將展開雙翼振翅高飛，飛往南冥天池。它一飛就飛上九萬里的高空，這一躍，掀起滔天巨浪，高達三千里，真是氣勢磅礴，驚天動地。然而，小麻雀們卻吱喳喳對大鵬鳥品頭論足。它們十分不以為然地嘲笑大鵬鳥：「何必那麼費力高飛呢？像我們在樹林間飛耍，啄啄地上的小蟲不就好了嗎？」

莊子這則生動的寓言，蘊含了許多深邃的哲理。這則寓言先說「鯤鵬變形」，再說「大小之辨」。莊子一開始就藉著鯤鵬之大來為我們打開一個開闊的視野，使人們從狹隘的思想視域中解放出來。接著，莊子透過鯤鵬之間的變形來顛覆人們習以為常的僵化思考方式，將人帶出既有的成見之外。並且，由鵬的奮起而飛告訴我們積厚之功的道理。凡事都不是一蹴可就，而是靠一點一滴的努力才能成功。最後，莊子藉著小麻雀嘲笑大鵬鳥來告訴我們「大小之辨」的道理。莊子藉由形軀的大小來暗喻心靈境界的不同。我們一般人經常就像是小麻雀一樣，凡事都從以自我為中心的「小我」來看待世界，一方面局限於有限的知覺經驗，另一方面又自以為是而洋洋得意。莊子透過這樣的反諷方式，使人們反省是否過度受限於物質形象的拘鎖而使心靈封閉。莊子在書的一開頭就點醒我們應該開放自我的心靈，並且要有努力為之的積厚之功，才能突破一切限制，使精神達到自由自在的逍遙境界。

「庖丁解牛」——由技藝入道境

鯤鵬的寓言告訴我們不要劃地自限，而要放開心胸，拓寬眼界。然而，現實的處境卻是充斥著種種限制與危機。面對這些現實的困境，我們應該如何因應呢？「庖丁解牛」這則寓言故事正是告訴我們要如何優游於實際社會之中。庖丁為文惠君表演宰牛，而庖丁舉手投足之間所展現的優美旋律與曼妙舞姿，構成了一幅極為生動的藝術畫面。庖丁神乎其技的刀法，令文惠君嘆為觀止，而庖丁的技藝乃在於他掌握了「因其固然」的道理。所謂「因其固然」，就是說順著實際的情況來做，莊子以牛的筋骨盤結比喻處世之繁複。這乃是啟迪我們處世不能強行妄為，而要遵循客觀規律，以凝神專一的心態，小心謹慎地面對各種困難。庖丁就是因為掌握了這樣的方法，才能游刃有餘，更使刀刃完好如初，沒有絲毫磨損。

「庖丁解牛」的故事還強調了實踐中累積經驗的重要性。老子曾說過「為學日益，為道日損」。這就是說，為學之路是要每天累積學問；而為道之路則剛好相反，是要不斷減損成見與貪欲。老子的說法，將為學和為道視為兩個截然不同的道路。莊子在此則提出「由技入道」的說法。在藝術創造活動中，經過長期的反覆練習，再加上專注忘我的投入，使得創造主體與外在客體從原先的相互對立進而逐漸消解，終於彼此交融。莊子強調為學的關鍵作用，藉由藝術精神的注入，為我們展示了由技藝以呈現道境的途徑，解決了老子可能產生的弊端。

「莊周夢蝶」——體認「物化」之境

「莊周夢蝶」的故事，則是《莊子》書中最富詩意的一則寓言。在這則優美的寓言中，莊子自己化身為主角。故事是這麼說的：從前，莊子夢見自己變成蝴蝶，翩翩飛舞，四處遨遊而優游自在，忽然間醒了過來，發現躺在床上的是莊周。究竟是莊周做夢化為蝴蝶？還是蝴蝶做夢化為莊周？莊周和蝴蝶必定是有所分別。這種轉變就叫作「物化」。

說到變形，很多人一定會想到卡夫卡的《變形記》。卡夫卡所要表達的是現代人所承受的時間壓縮感、空間囚禁感，以及現實生活的逼迫感。莊子和卡夫卡一樣，也將人轉化為動物，但他卻藉蝴蝶來比喻人「自喻（愉）適志」。蝴蝶翩翩飛舞，翱翔各處，不受空間的限制；它優游自在，不受時間的催促；飄然而飛，沒有陳規的制約，也無戒律的重壓；同時，蝶兒逍遙自適於陽光、空氣、花朵、果園之中。這象徵人生如蝶兒般活躍於一個美妙的世界中。並且，在和暖的陽光、新鮮的空氣、美麗的花朵以及芬芳的果園之間，可以任意地自我吸取，自我選擇。這意味著人類意志的自由可羨。可以看出，莊子以詩意的心境看待世間，欣賞世間的美好，和卡夫卡恰恰形成鮮明的對照。更重要的是，莊子在這則寓言中突出了「物化」的觀念。所謂「物化」，是物我界限的消解終於融合。莊子告訴我們，從宇宙生命的無限視野來看，所有事物都在大化流行之中，並且彼此相互依存。這種形體間的變化乃是大化流行的一個環節，從大化整體的角度來看，個體的死亡只不過是回歸大化整體而已。因此，藉由「物化」的觀念，莊子融合死生對立於和諧之中。

「觀魚之樂」——物我的感通

《莊子》書中最為人津津樂道的，恐怕是莊子的「觀魚之樂」及其與惠子的「濠梁之辯」了。

莊子和惠子在濠水的橋上遊賞。莊子說：「小白魚悠閒自在地游來游去，這是魚的快樂啊！」惠子問：「你不是魚，怎麼知道魚是快樂的？」莊子回說：「你不是我，怎麼知道我不曉得魚的快樂？」惠子辯說：「我不是你，固然不知道你；準此而推，你既然不是魚，那麼，你不知道魚的快樂，這是很明顯的了。」莊子回說：「請讓我們回歸事物的原本實情吧！你說『你怎麼知道魚是快樂的』這句話，就是你已經知道我知道魚的快樂才來問我，現在我告訴你，我是在濠水的橋上知道的啊！」

這則饒富深意的對話，顯示了莊子和惠子兩種截然不同的思想性格。惠子從理智分析的角度，質疑主體如何能認識客體。這的確是中西哲學史上的一個大問題。從邏輯與知識論的觀點來看，惠子確實提出了一個難以回答的問題。而莊子則是以審美心境作為出發點，託物寄情，從美感經驗來談主客之間的相互感通。莊子以「遊」的心境觀魚，一方面即景生情，化景物為情思；另一方面移情於物，把外物人情化、人性化。惠子站在主客對立的立場，因此，怎麼推論都無法理解主體何以能認識客體。莊子則是要我們回歸原本的實情，認為物與物之間，心性、情性原本是可以相互會通的。

中國哲學的主題是「內聖外王」之道。這最高的理想人格，正是莊子提出的。兩千多年來，歷代知識分子無論道、儒、墨、法各家各派，莫不以莊子所提出的這一理想人格為人生最高指標。莊子的「內聖」，主要表現為開放心靈和審美心境；而「外王」方面，則在於倡導齊物精神及多邊思考。多邊思考旨在要人打破自我中心，對他人他物予以同情了解，切莫自以為是地將自己的信仰及教條強加於人。齊物精神是指在由個殊性所形成的共識中，採各家之長，尊重不同族群的生活方式，觀賞不同文化的特色。莊子的生活智慧及其「內聖外王」之道，十分富有現代意義。

（本文原是爲蔡志忠繪著《中國思想隨身大全》（現代出版社，二〇一三年版）中的「莊子」部分所寫的導論文字。）

遊於尼采與莊子之間

二〇〇三年三月中下旬，我應邀訪問香港城市大學中國文化研究中心。中心主任鄭培凱教授與我一起接受了香港電臺的訪問。本文即爲錄音紀錄，略有潤飾。

鄭：陳教授可否跟大家談談研究哲學的經過。

陳：我先是入讀臺大中文系，然後再轉讀哲學系，原因是那時看不懂哲學書，完全是出於好奇。大學課程都是以西哲為主，如形上學及宇宙論等，大學快要畢業時，學士論文寫洛克（John Locke，一六三二—一七〇四），當然他在有關政治方面的自由理論影響很大，但當時專業是哲學，所以重點在於知識論方面。學位完成後，我就發現好像沒有了自己，直到在研究所讀到尼采，才感到一種強烈的生命感，然後從存在主義轉讀莊子。莊子一直都是褒揚主體生命，但其主旨更在高揚人的生命情懷，提升人的精神境界。尼采與莊子這兩位哲學家，都有一個共同點，就是反權威體制，所以十分獨特，很有反叛精神。

鄭：這大概與當時臺灣的文化氣氛有關係。我記得讀中學時，你寫有關存在主義的作品，我們中學生都有看。其實，中學生怎會看得懂？但那時大家都感到苦悶，而存在主義好像正好能碰到你靈魂某處。

陳：當人自我迷失和沒有方向時，存在主義可以把你心靈深處的東西點燃了。我想起卡夫卡的小說《變形記》，主角忽然變成了一隻蟲，要趕著上班，卻沒法出去，充分表現出空間的囚禁感，時間的逼迫感，現實生活的壓力感。可是，進入到莊子的世界裡，蝴蝶飄然飛舞的那份感覺很不一樣。讀書也成了重要的精神食糧，不管讀的是尼采或莊子，都能內化到生命世界裡，有助於安排自己的生活，為生命找到一條出路和通道。

鄭：有一點很特別，就是在你研究範疇中，你喜歡的哲學家，好像在文學、藝術想像空間上都是特別寬廣的，對美的追求特別強烈。

陳：這是很切合我內心感興趣的議題。現在的哲學，因為受科學哲學影響甚深，有欠想像力。其實，從柏拉圖到莊子，以及尼采，都有豐富的想像力。在美感方面，現代社會都很缺乏莊子所謂「遊心」的概念，莊子的「遊心」不僅是使人的精神處於寬廣適意的情狀，更是藝術人格的流露。

釐清文化與哲學

鄭：儒家也有講「遊於藝」，能夠讓自己飄浮在整個宇宙空間中。可是，大部分人認為的哲學主流都是講分析哲學和數理邏輯。陳教授研究哲學，當然會觸及這方面的問題，尤其大學以後，你與殷海光先生關係較為密切，他一直強調以數理邏輯作為思辨分析的基礎。你又是如何看待這些問題？

陳：我想，在哲學領域中，思辨是十分重要的，西方哲學重點在於概念系統的推展和方法學上的訓練，這是西方哲學的長處；中國哲學則不同，與文學十分接近。我個人認為，必須先了解先秦諸子的思想環境，當時要解決種種現實的問題，大量的死亡，人類面臨一個激蕩的情境。因此，先秦諸子除老莊外，其他都是以政論為主，只有老莊，才能帶引人走到另一個境界和思想園地。

道家的思想內容和我現實中追求的自由民主是相應的，從老莊中能夠尋找古代自由民主的理念，這樣可以把現代觀念和母體文化結合起來。後來，我提出了「道家主幹說」，讓很多人誤會。其實，文化主體仍是儒家，但是哲學和形上思維方式，以及重要的概念範疇和議題還是道家提出的。這引起很大爭議。後來，我花了十年時間，重新整理《周易》經傳，因為我認為易傳的哲學化應淵源於道家，而不是儒家。因為哲學中最重要的是道論，這是源自老子的，孔孟沒有這方面的思想；另外，四書都沒有談陰陽，陰陽之說是從老子到莊子；而且「對待」與「流行」的思想和孔孟並不契合，「對待」思想源於老子，「大化流行」來自莊子，是老莊很重要的思維方式。

鄭：孔孟主要是道德哲學和政治社會哲學的探索，以倫理學為主的。二十世紀中國知識分子常批評道家的逃避、退隱，以及不負責任的自由。他們從政治哲學出發，認為自由有其責任，有權利就有義務，認為中國式的自由不是真正的自由。我想，這導致道家哲學在二十世紀的中國始終沒有被當作正事來討論；即使有不少討論，也只是邊緣化的，只可跟文學藝術合流。

道為世用

陳：一直有個普遍觀念認為，「進則為儒家，退則為道家」。事實不然，像道家老子認為社會現實的政治，是建立在宇宙論的基礎上。研究哲學，要看當中的哲學進路，道家考慮有關人的問題，是從宇宙的規模來討論人的存在。譬如說，老子最有名的是「無為」，可是他也說「為無為」。「無為」的意思就是不要有主觀性和強制性的作為，特別針對統治者而言，有了權力，就不能濫權，所以，不要強作妄為，要自然無為和收斂權力，考慮人性和人情於自然，就是要了解民情。所以，他的「無為」，還是「為無為」，「以百姓心為心」的方式去處理，這樣就給人有更大的活動空間。老子又說到「生而不有，為而不恃，長而不宰」，套用羅素的說法，就是人生有兩種意志，分別是創造的意志和占有的意志，老子贊成的，則是提倡創造的意志，收斂占有的衝動。

鄭：士大夫階級「進則為儒家，退則為道家」，其實是把老子的話庸俗化，應用到自己日常生活身上，成為了一種文化生態，可是討論哲學時，就要抽離這些最現實的考慮。

陳：即使從現實的層面來說，也是很有道理。事實上，老子的思想是很積極，就像尼采和弗洛姆提倡「給與的道德」，表現出一種心靈的慷慨。莊子則是一個對生命比較大的抗議分子，好多人以為消極是從他而來，因為他對於儒家很多形式化、僵化的東西批評較激烈。但《莊子》裡像魯侯養鳥、混沌之死、觀魚之樂、莊周夢蝶等故事，都很有啟發性，說明了人類不能以自我為中心，以及給予精神空間的重要性，完全契合自由民主思想。推行民主自由，也要考慮別人的處境和要求，從對方的角度來思考，允許多元發展和不同的存在方式，不能只從自己的思考角度出發。

鄭：陳教授以前研究洛克，說的是要保護個人權利和財產，都是從現實政治考慮分配權力和義務，以及法律的訂立等問題；後來研究的老莊，則是從精神上來說明民主，重要的是讓出一個空間。

道家思想之古今對話：陳鼓應與沃爾法特談莊子

陳鼓應：如何進入「道」的精神家園

我的人生有兩個面向，一是學術人生，一是現實人生。

二十世紀五、六〇年代，臺灣哲學界主要研究西方哲學。我在哲學系，學習的課程從柏拉圖到黑格爾，每個哲學家構造的龐大體系，最後都要抬出一個虛構的上帝，作為其理論的最後保證。在這種無所不包的思維籠罩下，讓人深覺失去了真實的自我。我直到接觸了尼采，他的酒神精神和衝創意志給了我重要的人生啟迪和巨大鼓舞。後來我教書、研究學問，又從東方哲學尤其是中國的老莊哲學中汲取了豐富的營養。從尼采哲學到老莊思想的學術研究，是我學術人生的歷程。但同時，他們對我的現實人生，有更深刻的影響。

我從求學到教書時期的臺灣，是被島內知識分子稱之為「白色恐怖」的時代，籠罩在美國的冷戰思維和儒家的道統意識下。一九四九年後，臺灣進入戒嚴時期，長達三十八年。民主和自由思想受到遏制，沒有言論自由。敢於直言的楊逵、陳映真、柏楊、李敖等作家都受到迫害或被捕入獄。我不久前從臺灣的「白色恐怖」基金會得知，當時被捕的政治犯的案件竟然高到一萬三千個，實在讓人吃驚。

在美國的冷戰思維主導下，蔣介石在臺灣一面反共成狂地推行「白色恐怖」政策，一面以排斥異端的道統意識來宣揚儒家文化。傳統文化尤其儒家講求忠孝，可當時儒家思想被當局嚴重政治化，成為宣揚嚴格的封建家長制的片面思想，蔣介石以此來加強他的統治，所謂「移孝作忠，忠於領袖」。在這樣的時代背景下，我感到很壓抑，就進入到尼采的世界裡去。尼采有句名言：「上帝死了。」這是對西方傳統哲學所做的一個價值轉換，引起我很大共鳴。尼采說，「西方傳統哲學注入了過多的神學的血液」。我開始藉尼采反思西方神本主義及其獨斷論，對上帝之籠罩一切而無所不包的思維方式進行價值重估。

與此同時，當代西方產生一股存在主義思潮，反省為什麼兩次世界大戰都發生在西方，由此形成了對西方文化危機意識的反思。我也藉存在主義思潮，檢討極權宗教信仰的歷史根源。因此，緣於對臺灣現實政治的不平感，對等級價值體系的不認同，很自然地，我又由尼采的價值觀轉換進入到了老莊的道的世界。

接下來談談從老莊的視角來看當今東西方世界之間異質文化的對話。

《老子》第一章開頭就說「道可道，非常道」，落實到現實世界可以這樣理解：第一個「道」，是全球設立一些法則；而第二個「道」，是要透過各種方式進行東西方對話，來建立永續發展的準則。

《老子》第二章，談到「有無相生」，還說在道的世界裡「生而不有，為而不恃，長而不宰」。在現實世界裡，對立的關係是相輔相成，不是絕對矛盾的。絕對的矛盾，始終只是相互排斥。所以，不要絕對性地來看對立的關係，要相對地來看待對立的關係。

莊子的〈齊物論〉說得更為透徹，「物無非彼，物無非是。自彼則不見，自是則知之。故曰：彼出於是，是亦因彼。彼是方生之說也。雖然，方生方死，方死方生；方可方不可，方不可方可」。任何事情都有此和彼的對立，在此立場，只看得到自己，看不到對方，都是片面的。此和彼是並生的，好比在今天的全球，東方和西方，中國和美國。所以，不能片面思考，不能搞單邊主義。比如說，現在地球暖化，簽訂《京都議定書》，但是美國不簽署，全世界都批評它的這種單邊主義。

總結老莊的世界，有兩個很重要的秘鑰，就是老子的「道法自然」和莊子的「道通為一」。道法自然，就是道遵循自然，遵循自然存在的方式，依據自身的存在方式來自由運行，這體現了「道」的自發精神。道法自然不僅僅強調「道」的自發性、自覺性、自主性，也呈現出「道」的整體與個體之間的互通，「道」是一種共通性，也就是「道通為一」。

今天，全球應該如何對話？我覺得，從熱愛生命的角度，尼采可以和莊子會通；在文化上，很欣賞老子的羅素也可以和道家相通。羅素說，西方有三個文化淵源，其中，宗教和倫理來自於排他性和不寬容的基督教傳統，所以才會一方面講自由民主，一方面搞軍事演習，這對他們來說不矛盾。美國打伊拉克，打完後說給你們帶來了自由。有一天我看電視，有個婦女的丈夫和兒女被炸死了，她在那裡號啕大哭，電視正好拍到她，她說：「自由是我希望的，但戰爭帶給我的不是自由，而是恐懼和死亡。」

所以，我們要記得《道德經》說過的話：「勝而不美，而美之者，是樂殺人」，「夫樂殺人者，則不可得志於天下矣」。

莊子更是提倡破除自我中心，包括個人自我中心、族群自我中心、人類自我中心。現在全球面臨的共同災難之一，就是地球生命不停被毀損。消費主義的盛行，使得自然環境被嚴重破壞；人類自私自利的自我中心，不僅影響人與人的關係、國與國的關係，也殃及人與自然的關係。沒有對生態資源做可持續發展的思想，人類將遭遇滅頂之災。這並不是我們應該走的路子。東西方的思想者們，應該共同發出聲音。

沃爾法特（Gunter Wohlfart）：像詩人陶淵明那樣生活

我住在法國南部的一個山莊，牧羊，喝酒，寫詩，以陶淵明為榜樣。從前，我夢想希臘愛智慧的哲學，覺得它們可運用到生活中。經過二十年的哲學教授生涯，這個夢想破滅了，太多的口頭和精神上的技巧，對養生根本沒用。

遇到老子，我太震撼了，經常和一些年輕的漢學家們研究《道德經》。有位老朋友問我，為什麼你總在說老子，你應該試著看看莊子。太對了！我看莊子後就愛上了他，他是我最愛的哲學家，我出了兩本小書，希望把莊子介紹給德國人。

西方對道家的理解還令人慚愧。比較開明的西方人會使用中國的針灸和中藥，甚至有人開始看風水，練氣功、太極拳。哲學家會研究亞里斯多德和柏拉圖，但不會研究中國的老子和莊子。著名的德國哲學家哈貝馬斯，也有歐洲中心主義的優越感。據我所知，我是唯一一位在德國講授道家哲學的教授。有句拉丁文名言說，「光明從東方升起」。對我來說，智慧之光，確實來自東方。

法國哲學家傅柯說得很對，如果未來有一種哲學，一定是歐洲和非歐洲的哲學思想碰撞產生。非歐洲不是指美國，而是指東方，中國。那些傳統的歐洲中心主義者遲早會拋棄偏見。

二〇〇九年在香港，我批評了康德主義，讚揚了孔子。許多人認為康德的絕對命令和孔子的黃金律是一致的，我認為不一樣，是兩碼事。歐洲的同事對我感到失望；中國的康德主義者則為康德辯護，描繪了一幅康德站在孔子肩膀上的畫面，但這不是真實的。在上海、紹興、臺北，我又批判了康德主義，讚揚了莊子和淮南子。所有中國康德主義者都勇敢地為康德主義辯護。在中國許多地方，學生和老師都太熱衷於現代西方的思想，不僅是康德哲學。

當然，《論語》裡的第一句話是「學而時習之」。勿庸置疑，向西方學習有必要，但西方思想是最好的嗎？我懷疑。

《道德經》說：「為道日損」。中國學生要回到根上去，學習國學經典，不要總去趕西方哲學的潮流。只有歸根，才可以大跨越，跳到西方思想，進行紮實的比較哲學研究。

《莊子》第二十六章有個著名寓言，對我影響非常大。「荃者所以在魚，得魚而忘荃；蹄者所以在兔，得兔而忘蹄；言者所以在意，得意而忘言。」言通常都有意，意指向與語言自身不同的某種事物。「月亮」這個詞語像手指指向真正的月亮，看到月亮，要忘記手指，忘記「月亮」這個詞。

《莊子》裡有句話：「世之所貴道者，書也。書不過語，語有貴也。語之所貴者，意也，意有所隨。意之所隨者，不可以言傳也。」有的事物很難用語言來表達。詩人把語言當做橡皮，隨寫隨擦，他們渴望進入到「無言之言」的境界。我也如此。

（二〇一二年十一月二十六日晚，廈門大學國學院與廈門篔簹書院於廈大禮堂舉辦了一場名爲「道家思想之古今對話」的論壇，陳支平、陳鼓應、劉笑敢及德國漢學家沃爾法特〔Gunter Wohlfart〕出席對談，《南方週末》後於十二月二十日刊文報導。本文即爲作者與沃爾法特有關莊子的談話。）

莊子思想散步／陳鼓應著 . -- 初版 . -- 新北市：臺灣商務，2020.09
256 面；14.8×21 公分 . --（人文）
ISBN 978-957-05-3284-5（平裝）

1.（周）莊周 2. 莊子 3. 學術思想 4. 人生哲學

121.33 109012049

人文

莊子思想散步

作　　者 — 陳鼓應
發 行 人 — 王春申
選書顧問 — 林桶法、陳建守
總 編 輯 — 張曉蕊
責任編輯 — 徐鉞
封面設計 — 李東記
內頁設計 — 綠貝殼資訊有限公司

業務組長 — 王建棠
行銷組長 — 張家舜
影音組長 — 謝宜華

出版發行 — 臺灣商務印書館股份有限公司
23141 新北市新店區民權路 108-3 號 5 樓（同門市地址）
電話：(02)8667-3712　傳真：(02)8667-3709
讀者服務專線：0800056193
郵撥：0000165-1
E-mail：ecptw@cptw.com.tw
網路書店網址：www.cptw.com.tw
Facebook：facebook.com.tw/ecptw

局版北市業字第 993 號
初版2.2刷：2022 年 8 月
印刷廠：沈氏藝術印刷股份有限公司
定價：新台幣 350 元
法律顧問—何一芃律師事務所